TRACING LETTER
Writing Practice Workbook

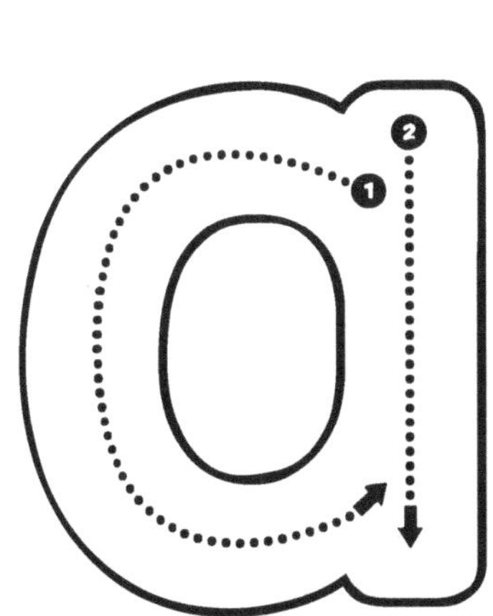

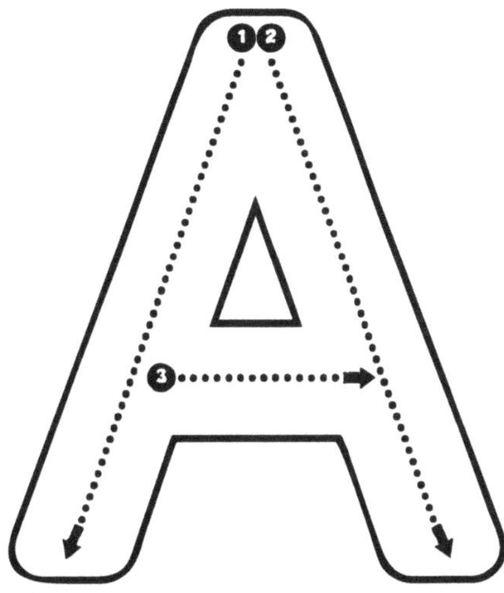

This book belongs to:

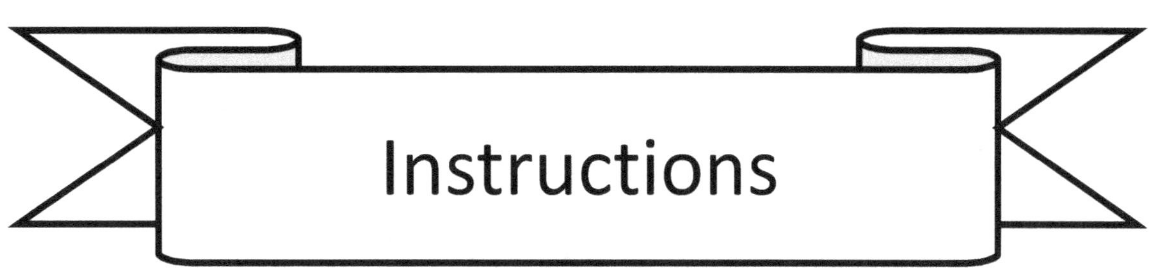

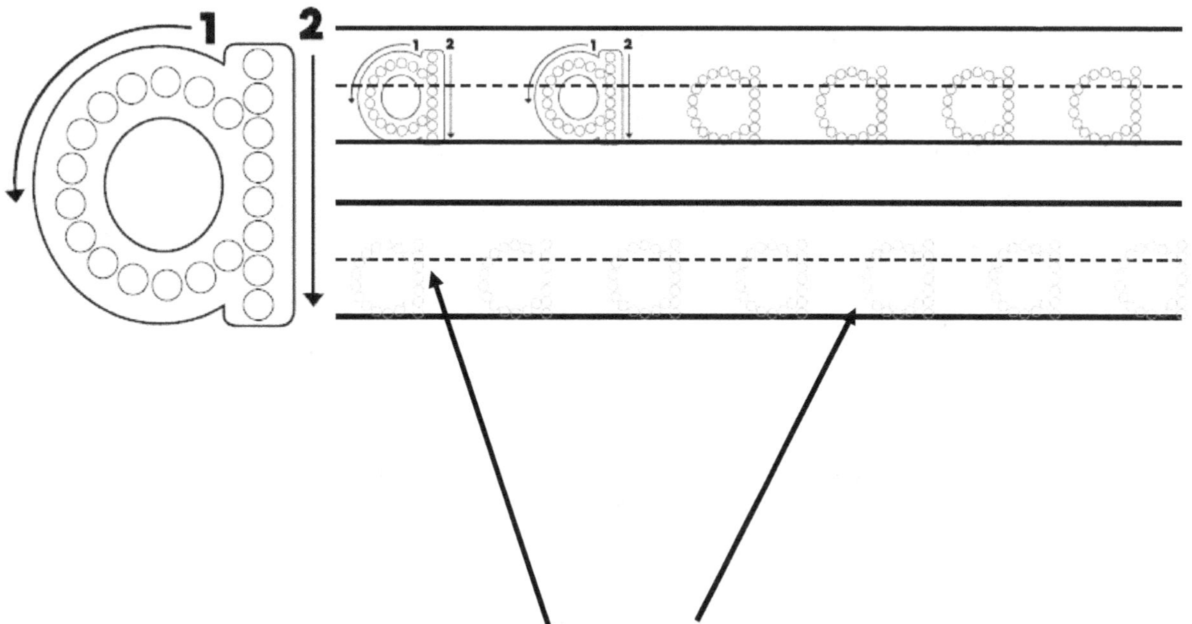

Follow step by step on
dotted grey lines to
form the letters.

Let's Color It

A is for

Lets Write It
APPLE

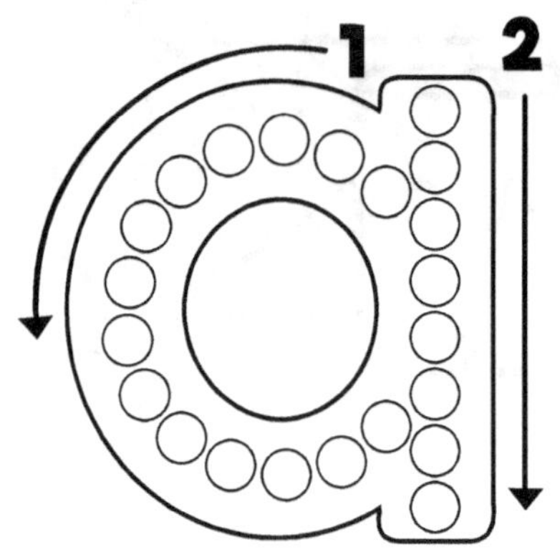

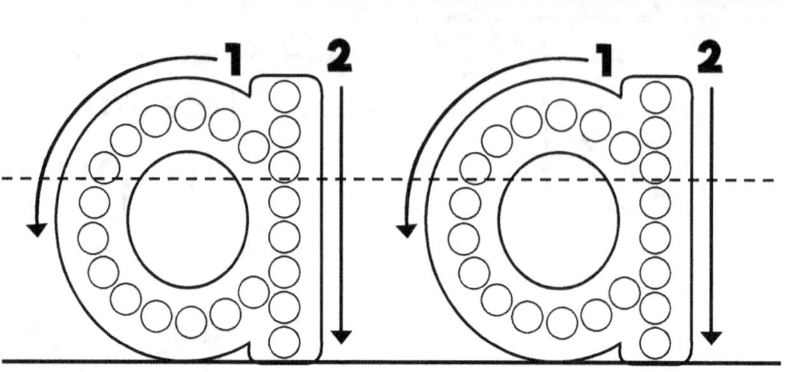

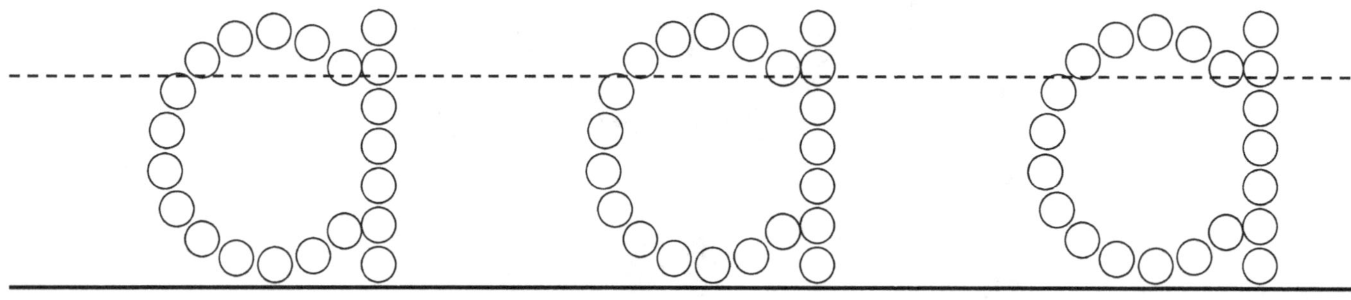

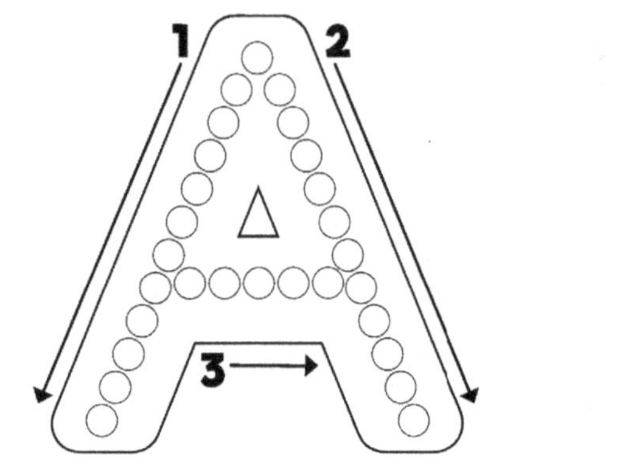

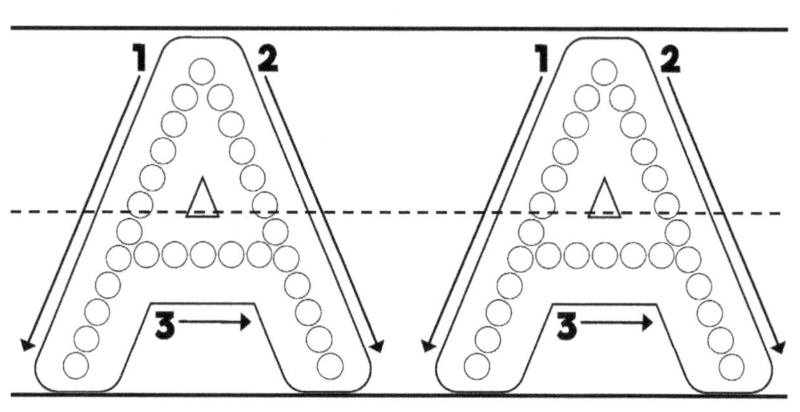

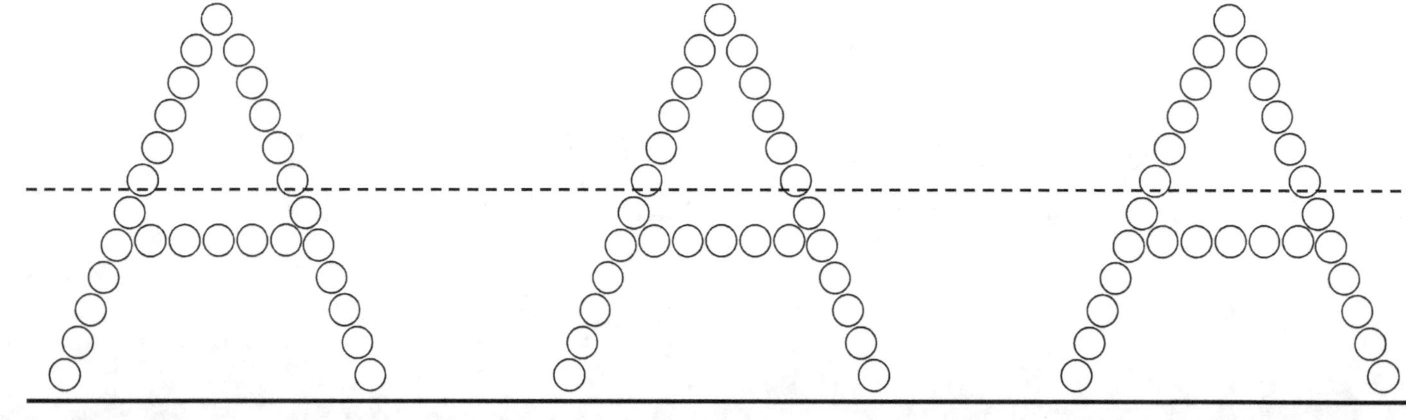

Let's Practice It

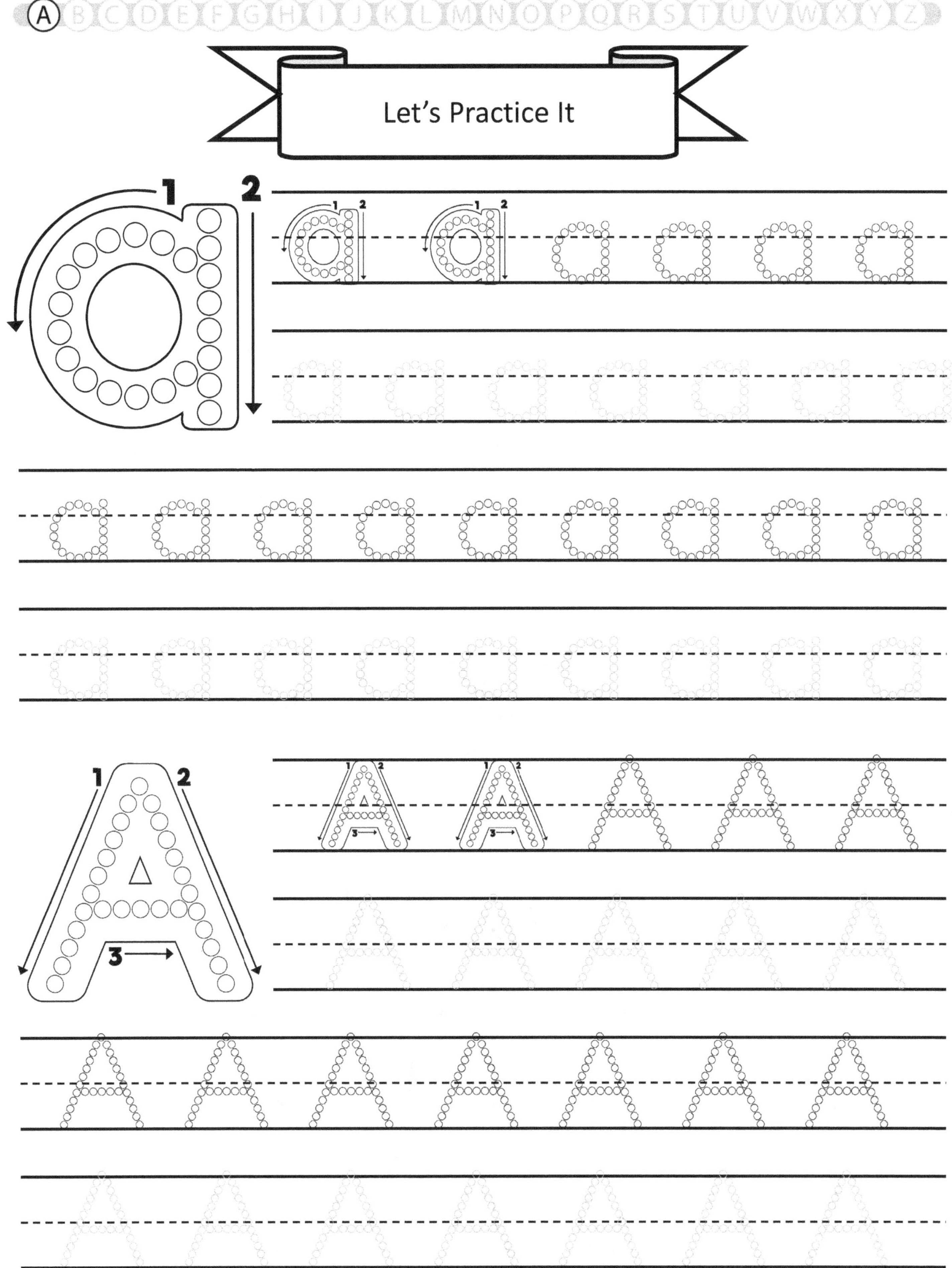

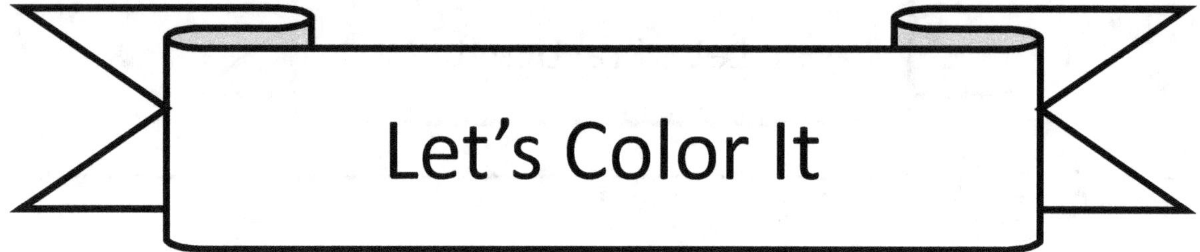

B is for

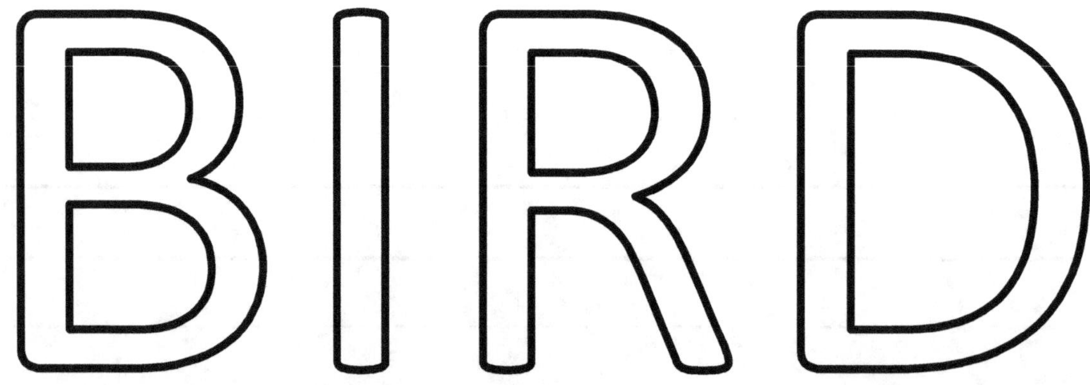

A B C D E F G H I J K L M N O P Q R S T U V W X Y Z
Lets Write It
Bird

1 2

1 2

1 2

2 1 3

2 1 3

2 1 3

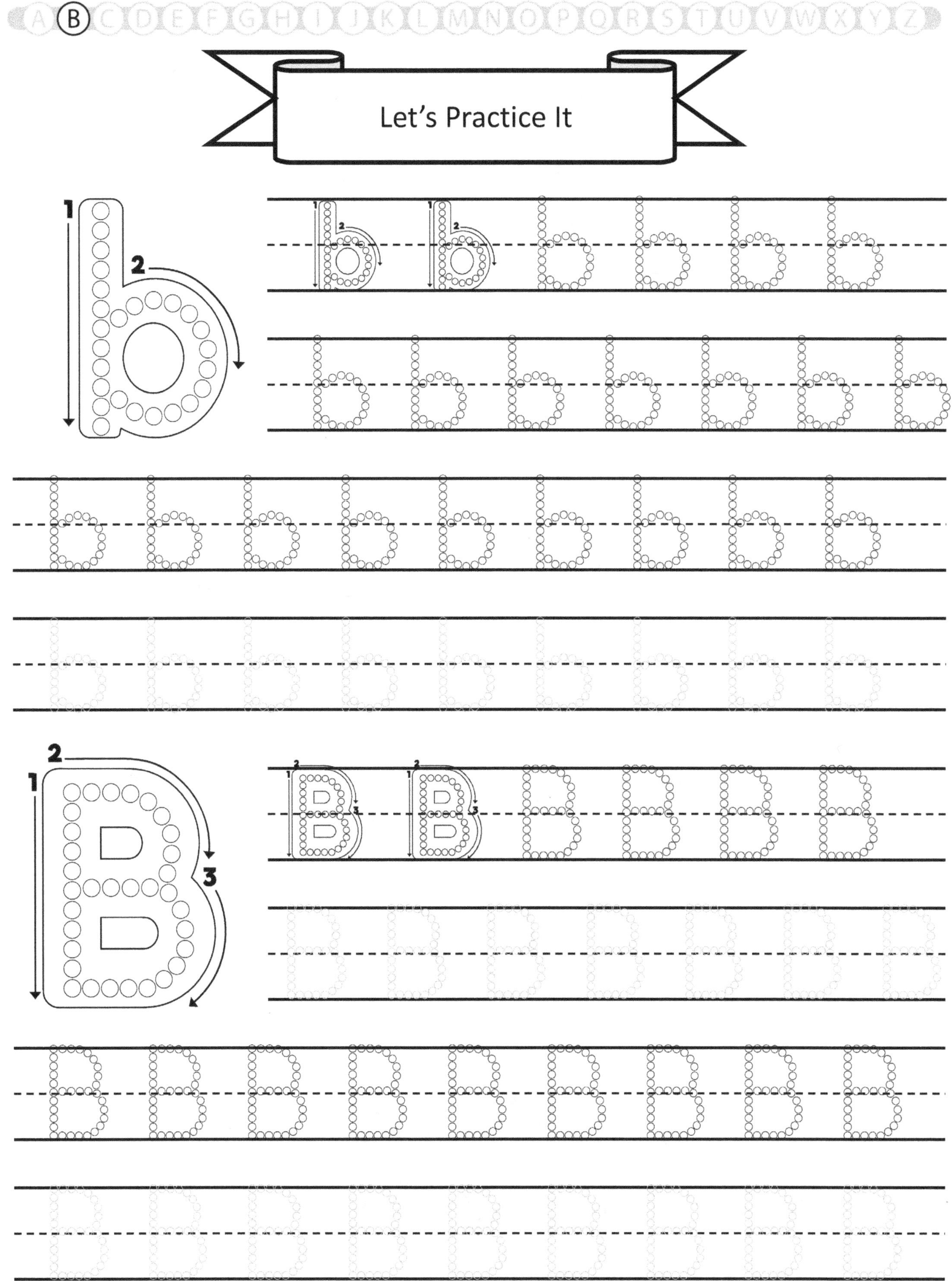
Let's Practice It
1
2
b
1
2
3
B

Let's Color It

C is for

CATERPILLAR

Let's Write It
Caterpillar

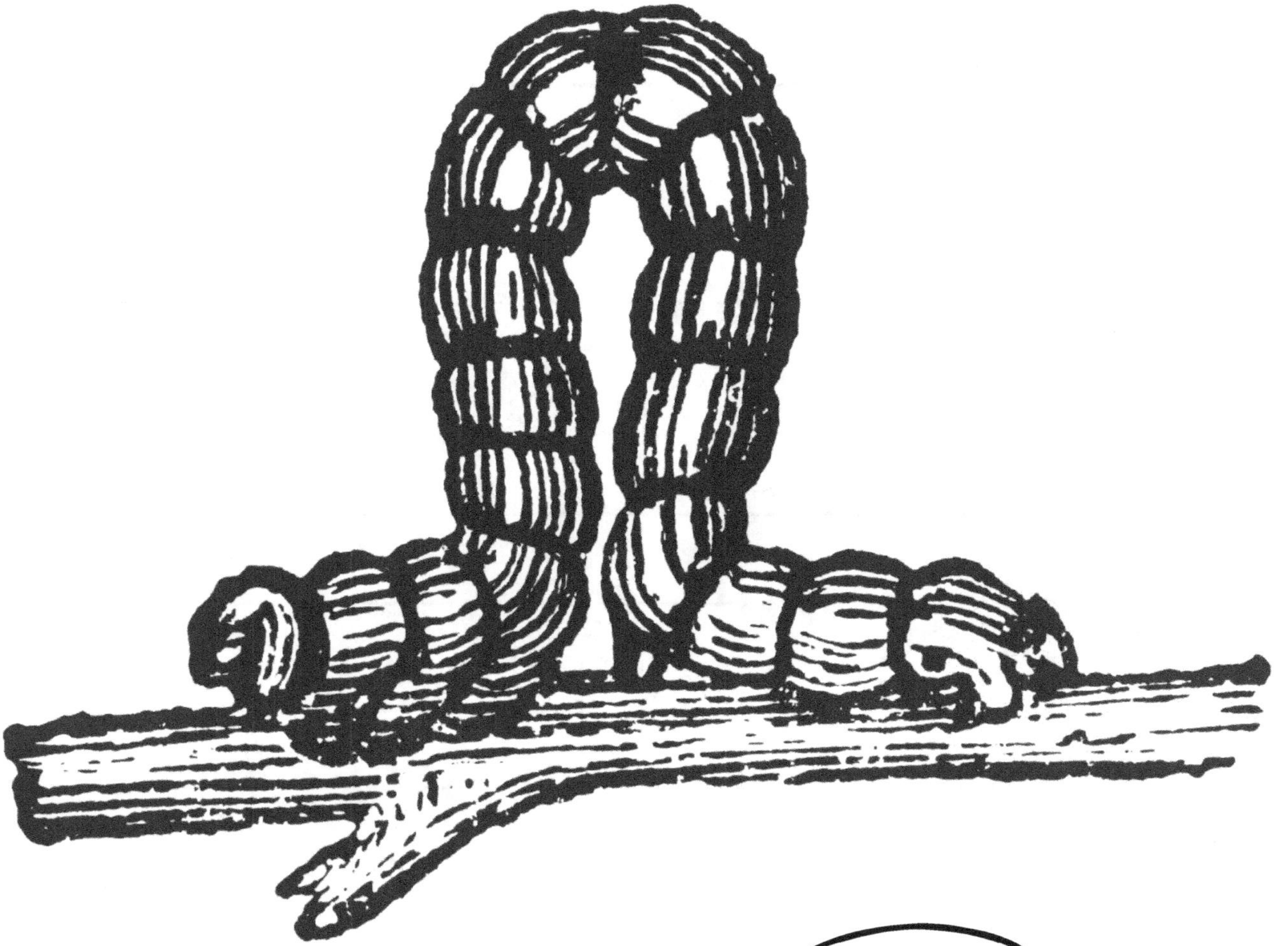

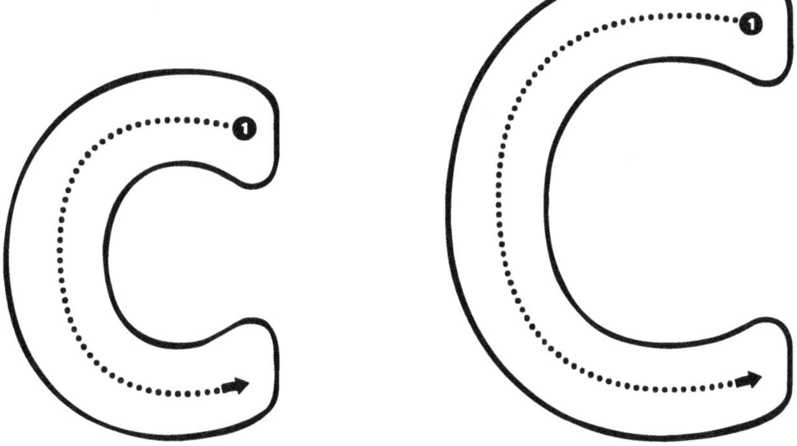

C C

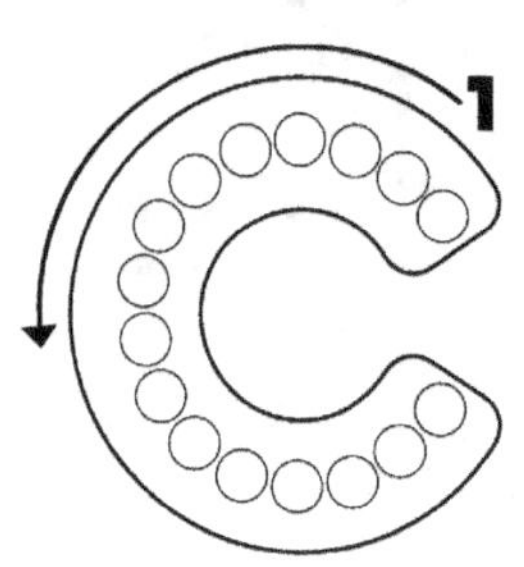

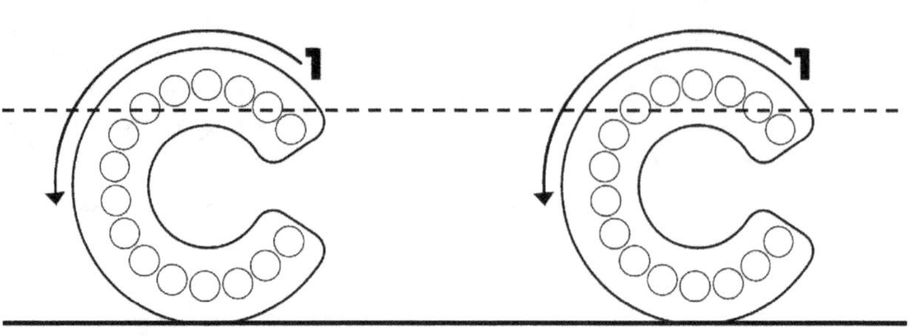

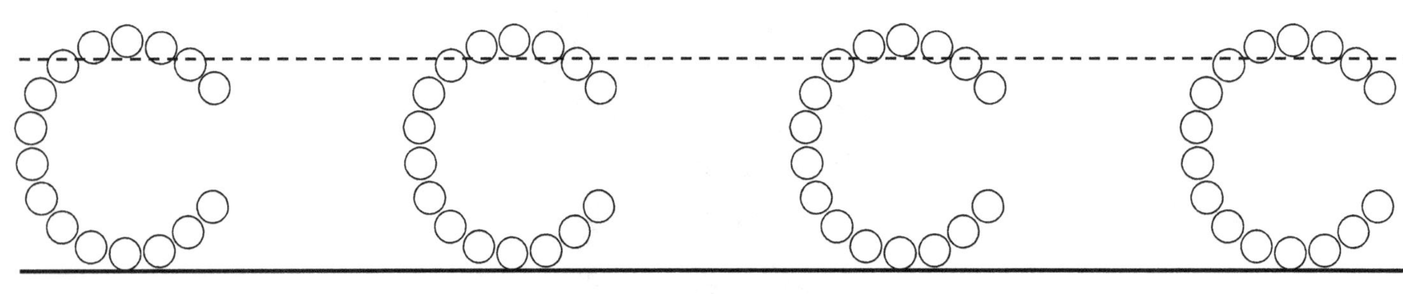

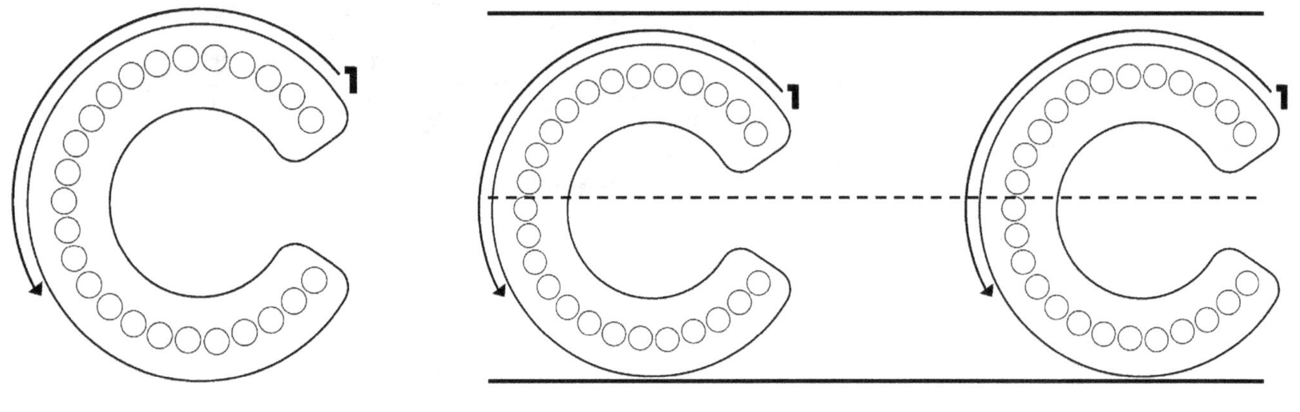

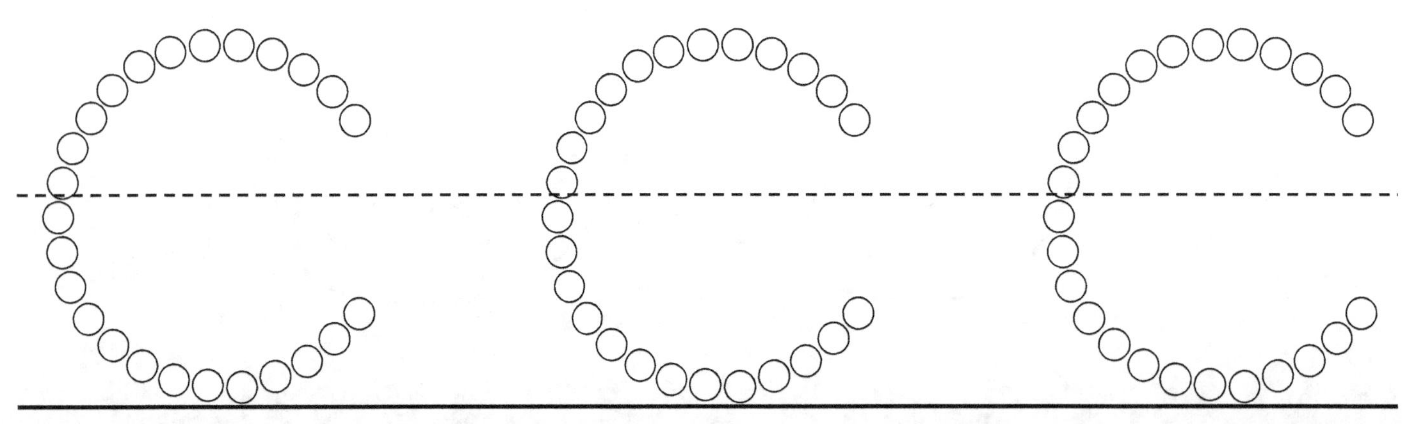

Let's Practice It

Let's Color It

D is for

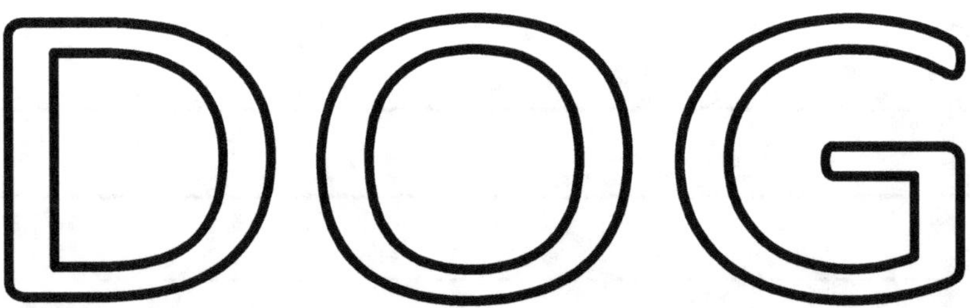

Lets Write It
Dog

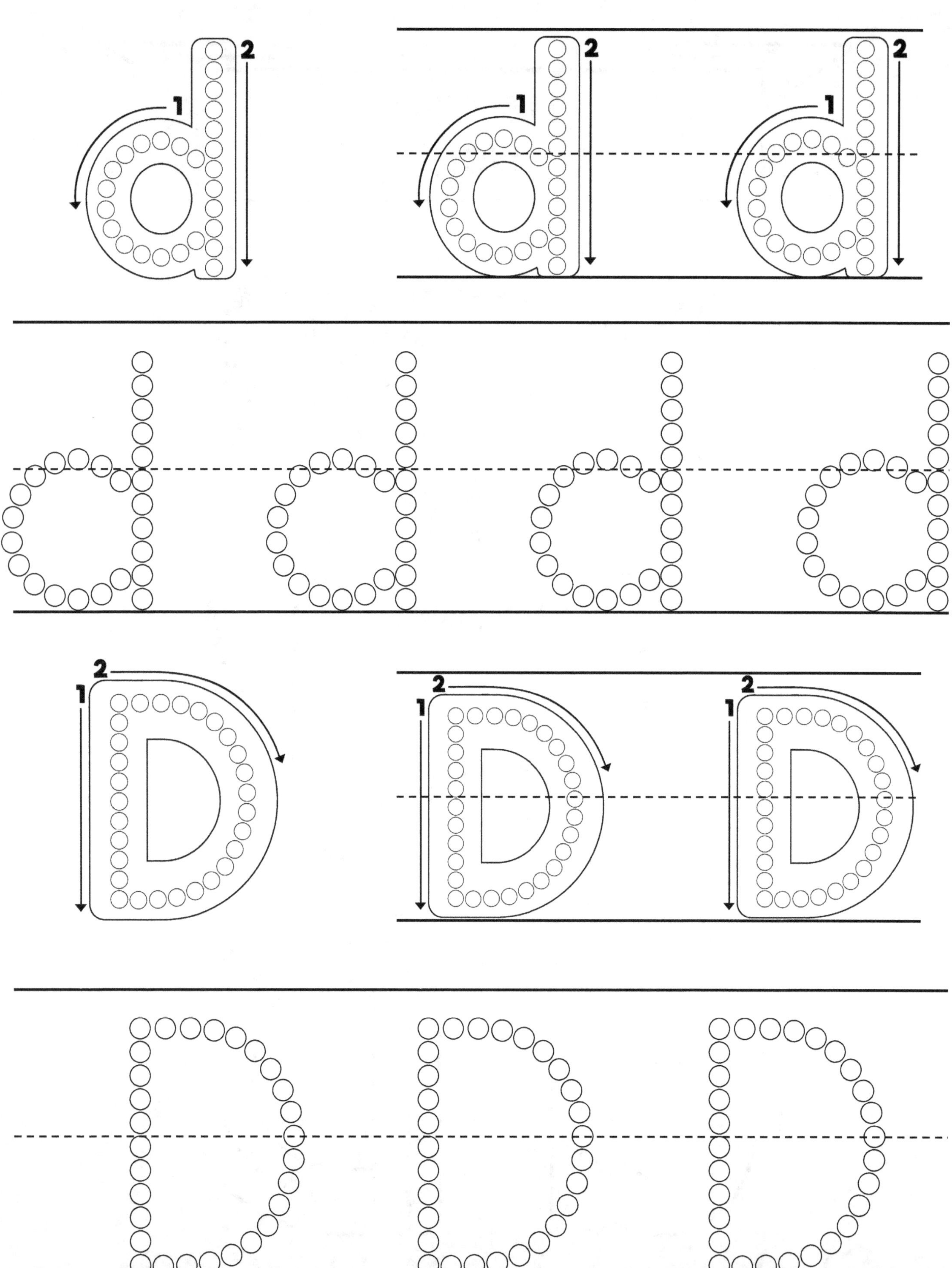

Let's Practice It

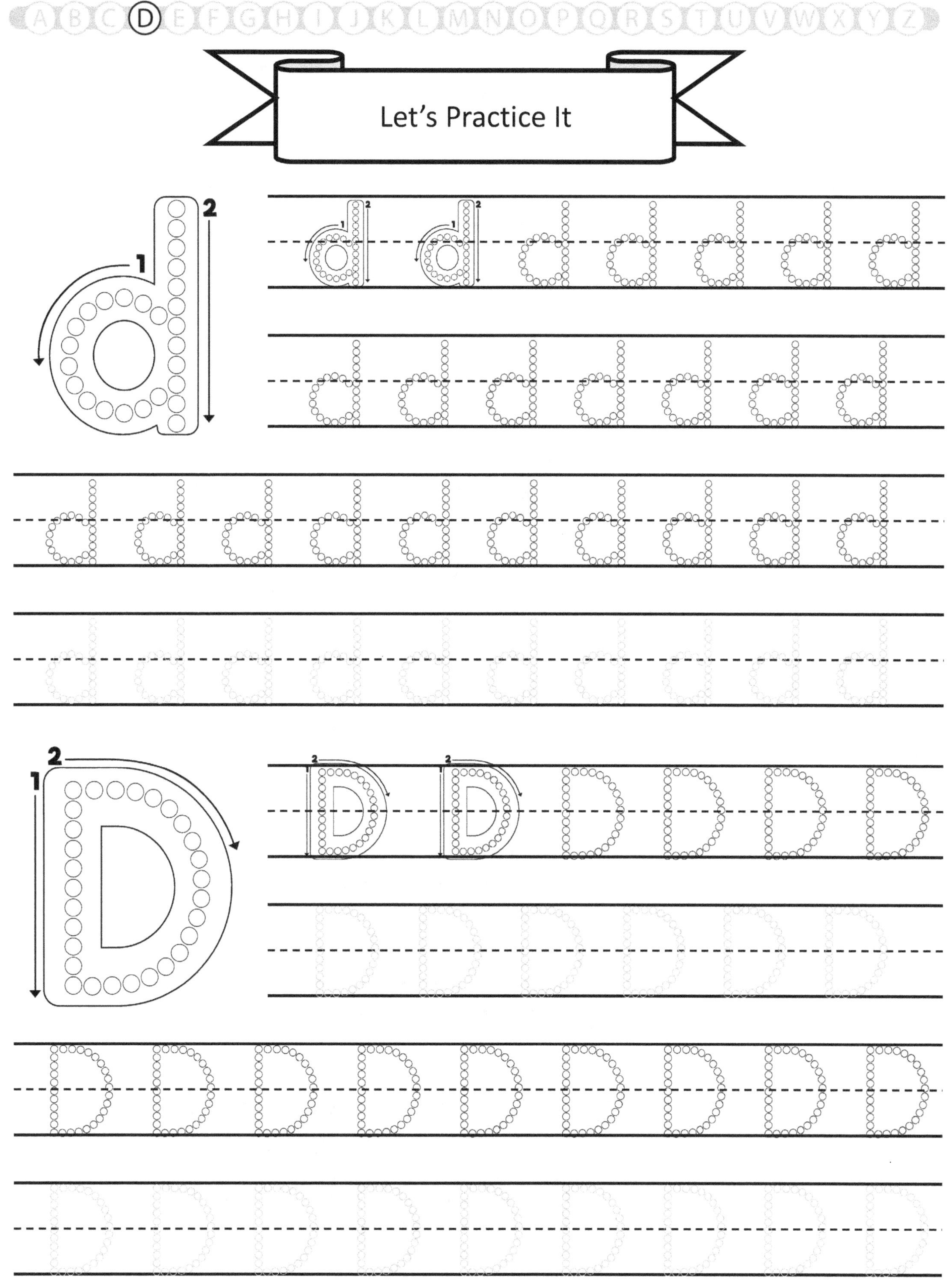

Let's Color It

E is for

ELEPHANT

A B C D E F G H I J K L M N O P Q R S T U V W X Y Z
Lets Write It
Elephant

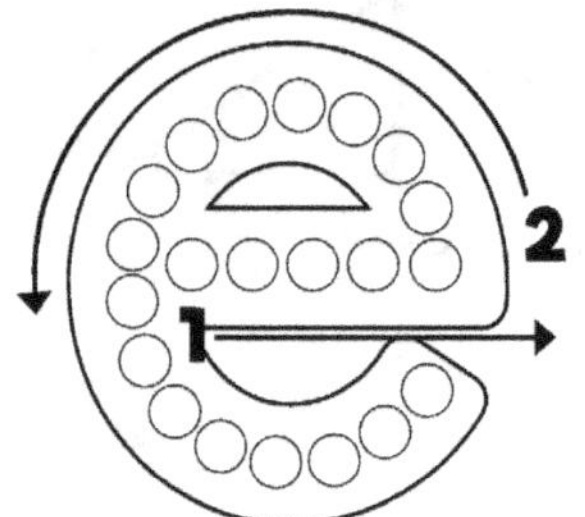

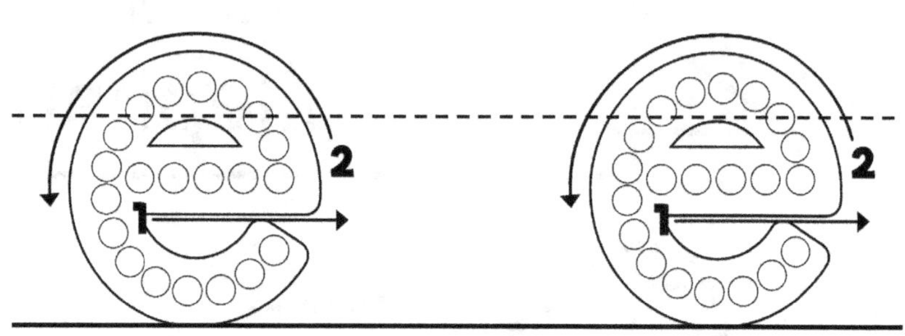

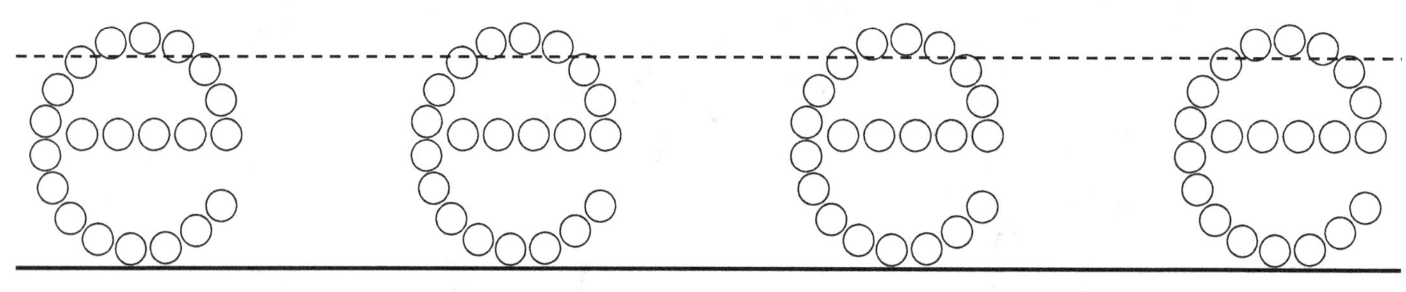

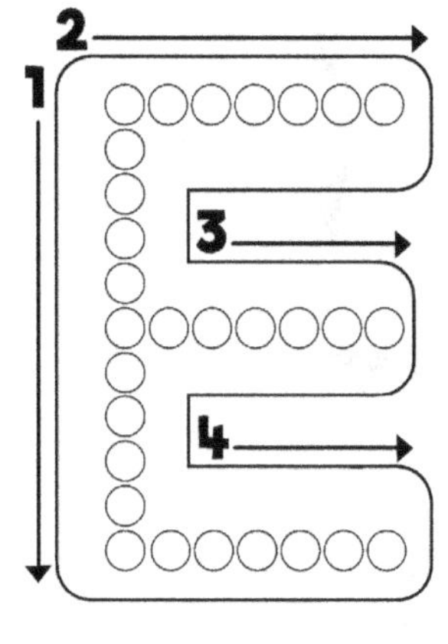

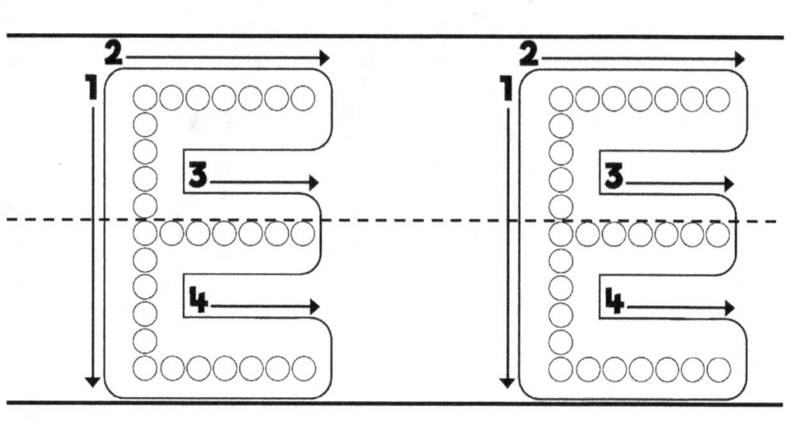

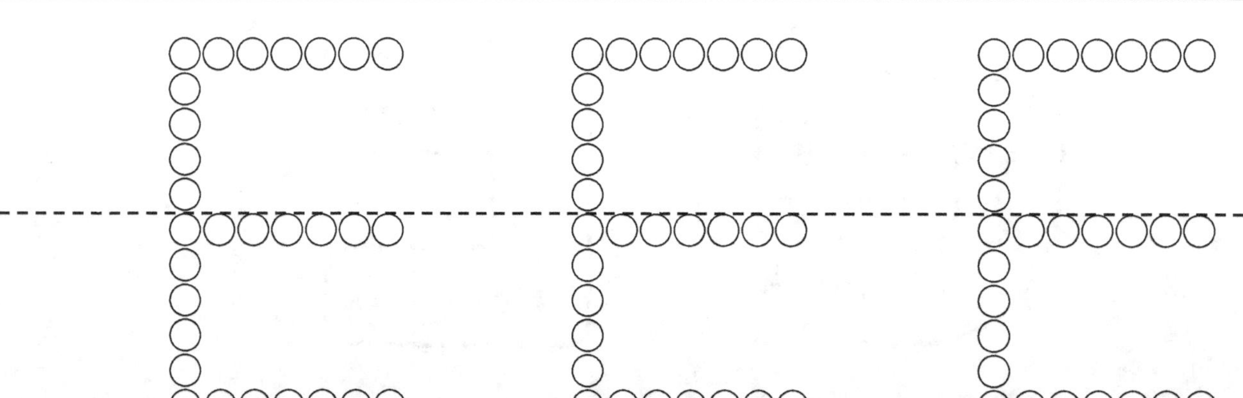

Let's Practice It

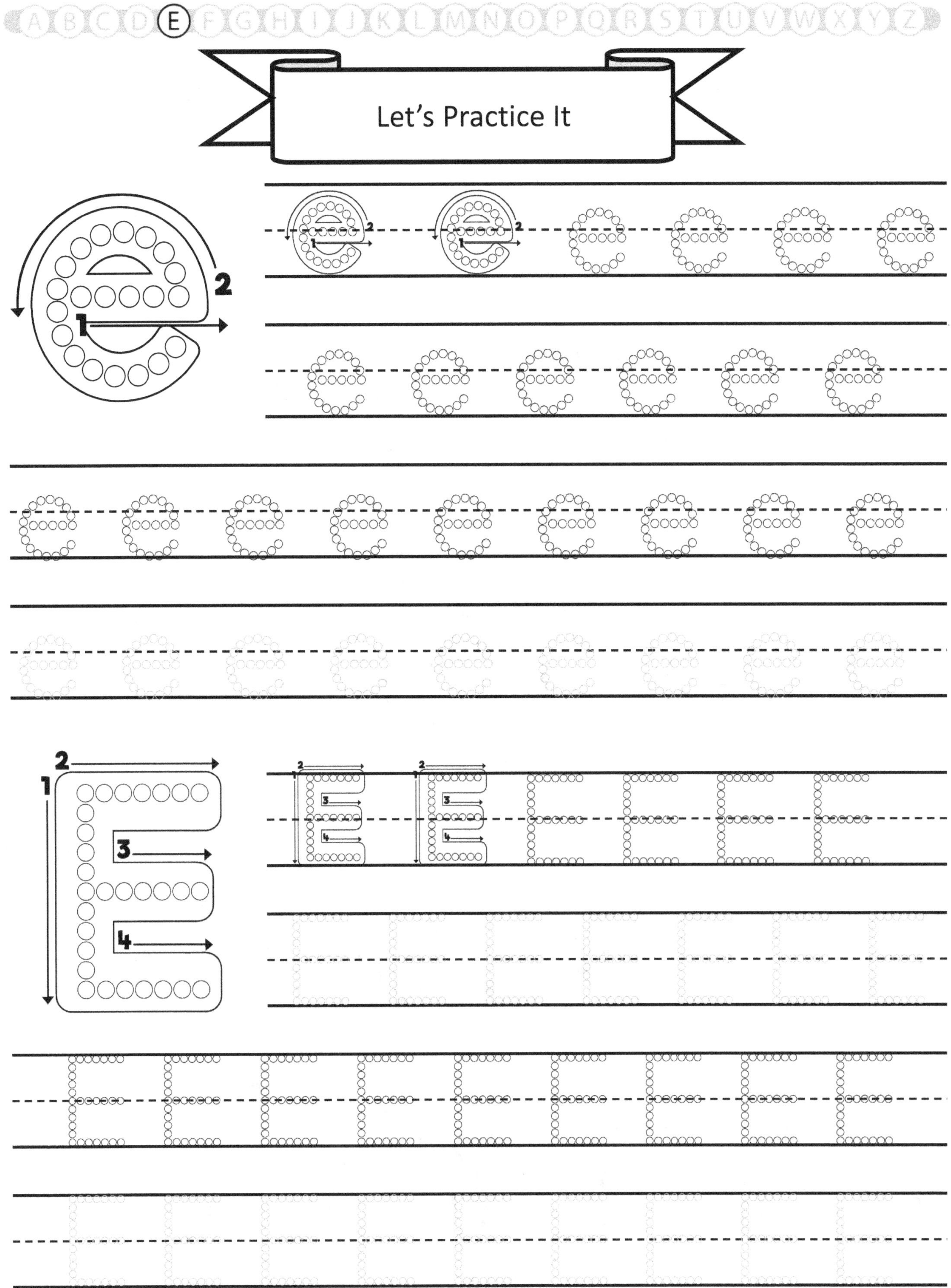

F is for

FLOWER

Lets Write It
Flower

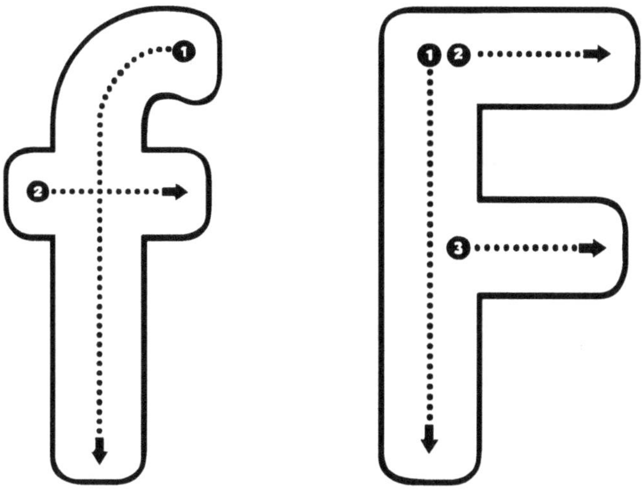

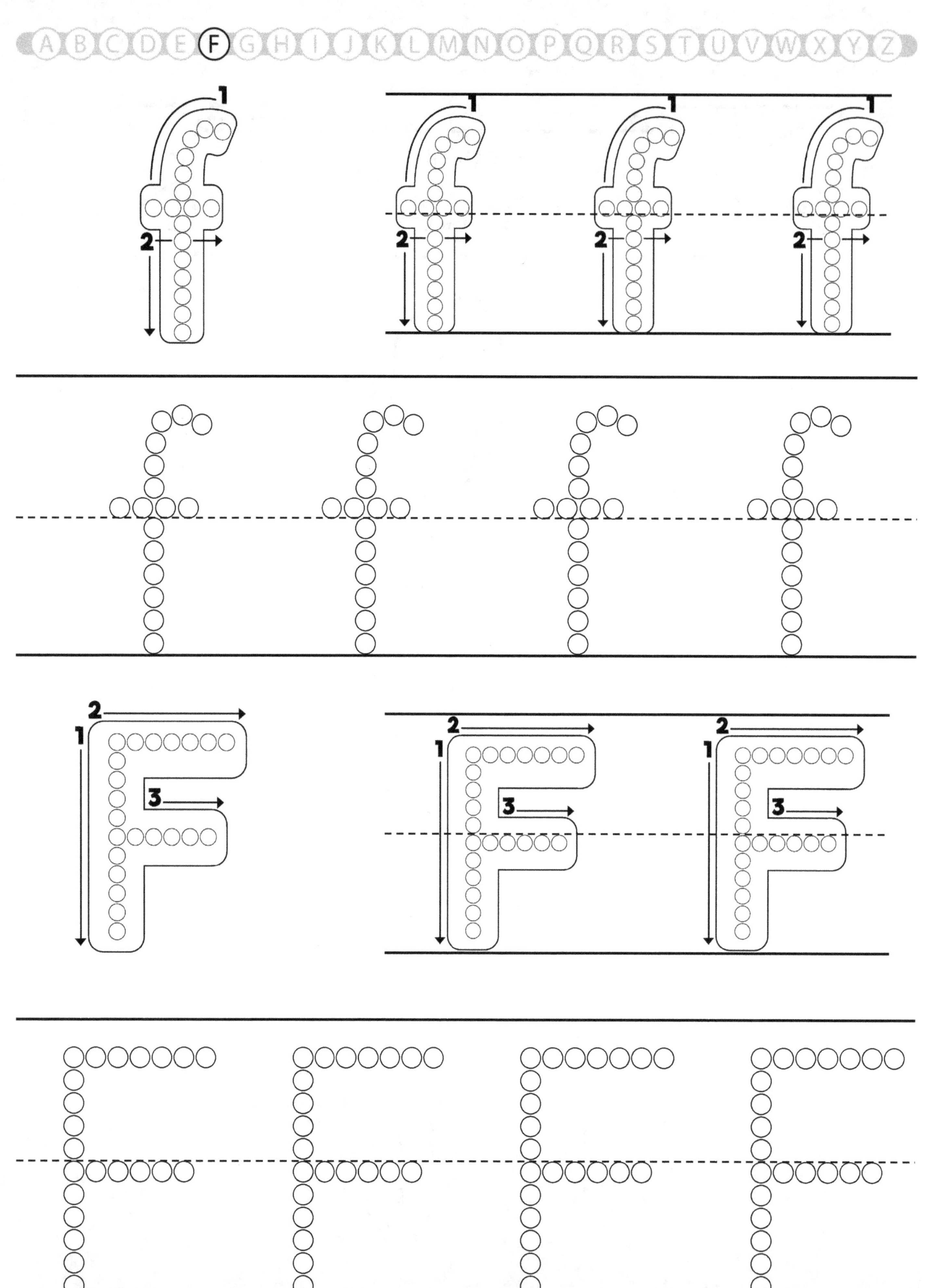

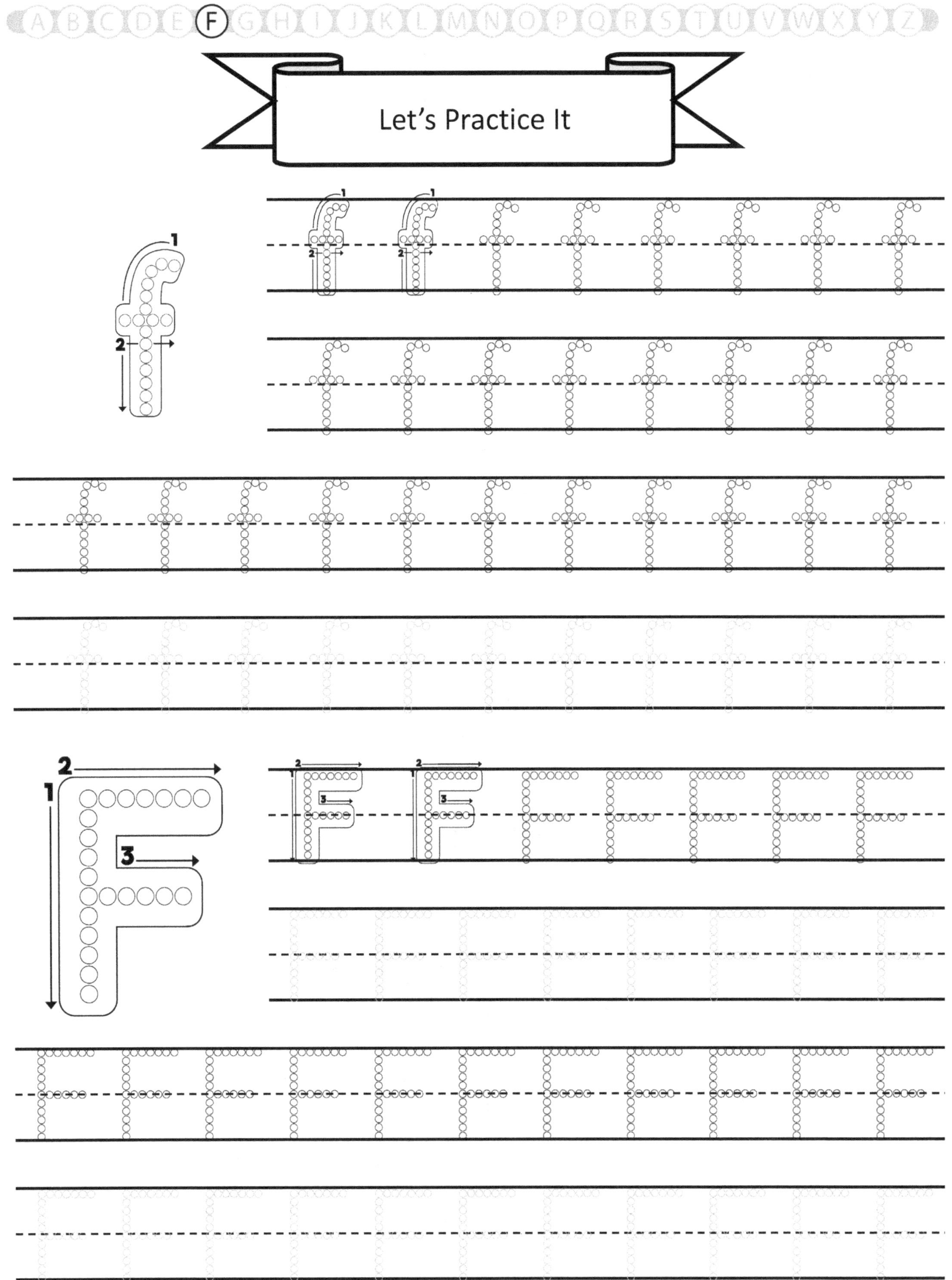

A B C D E F G H I J K L M N O P Q R S T U V W X Y Z
Let's Practice It

Let's Color It

G is for

GIRAFFE

Lets Write It
Giraffe

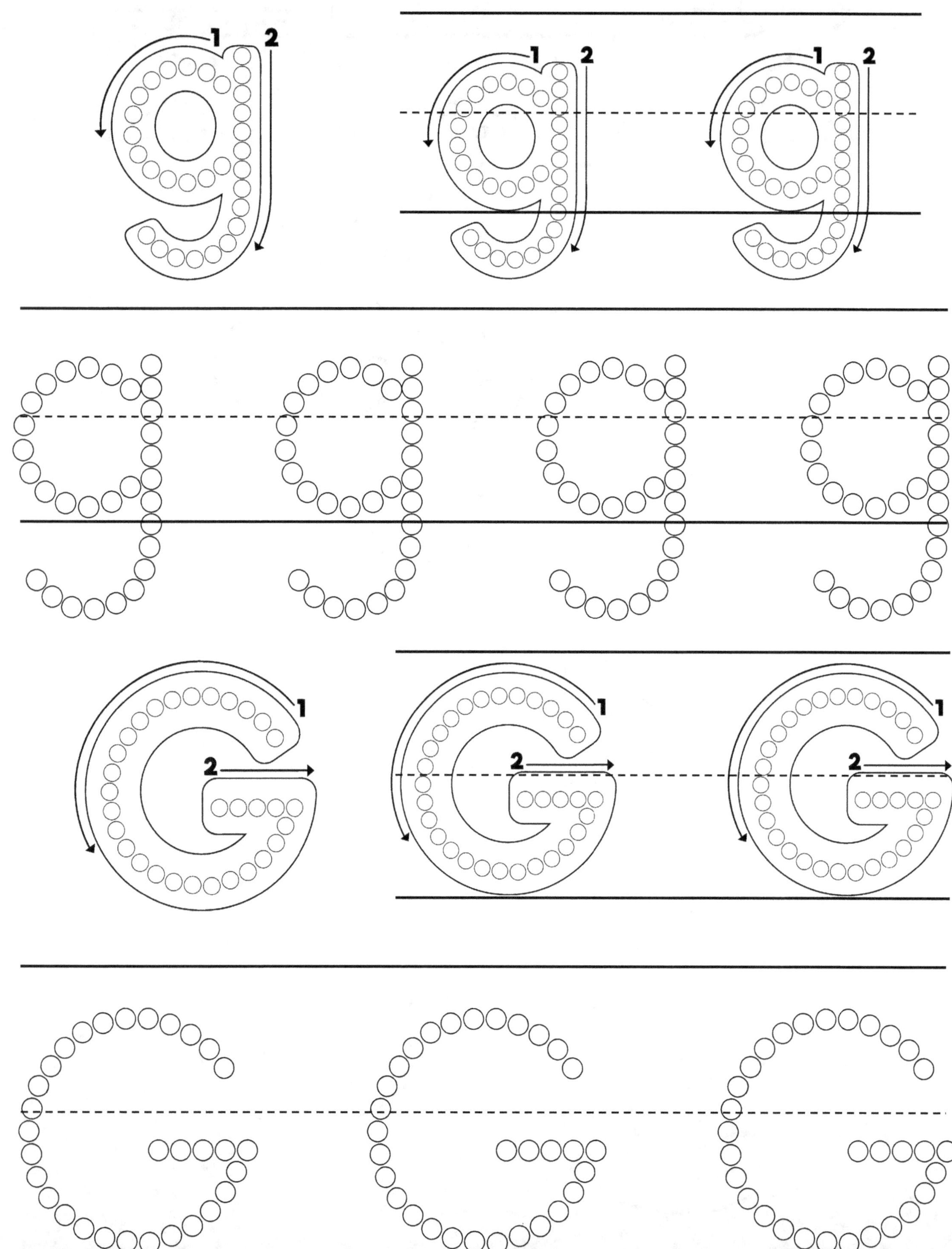

Let's Practice It

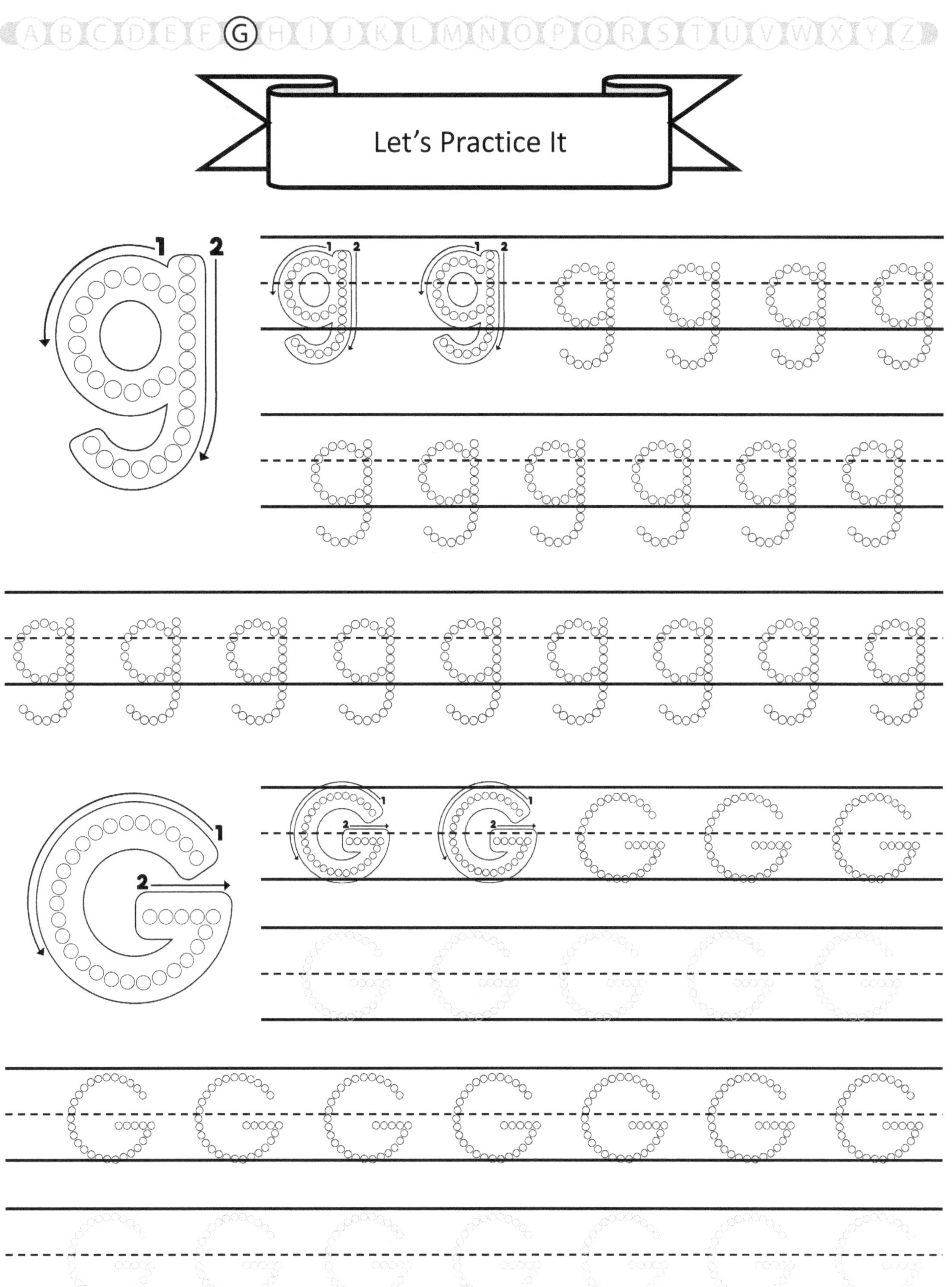

Let's Color It

H is for

HORSE

Lets Write It
Horse

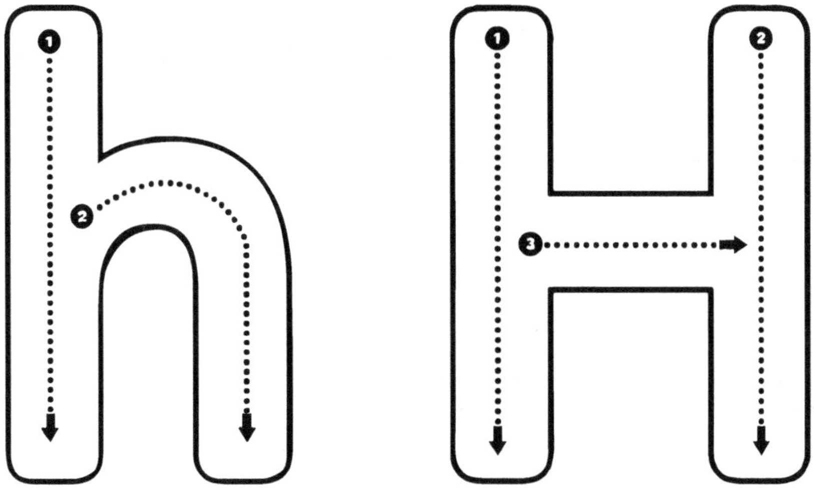

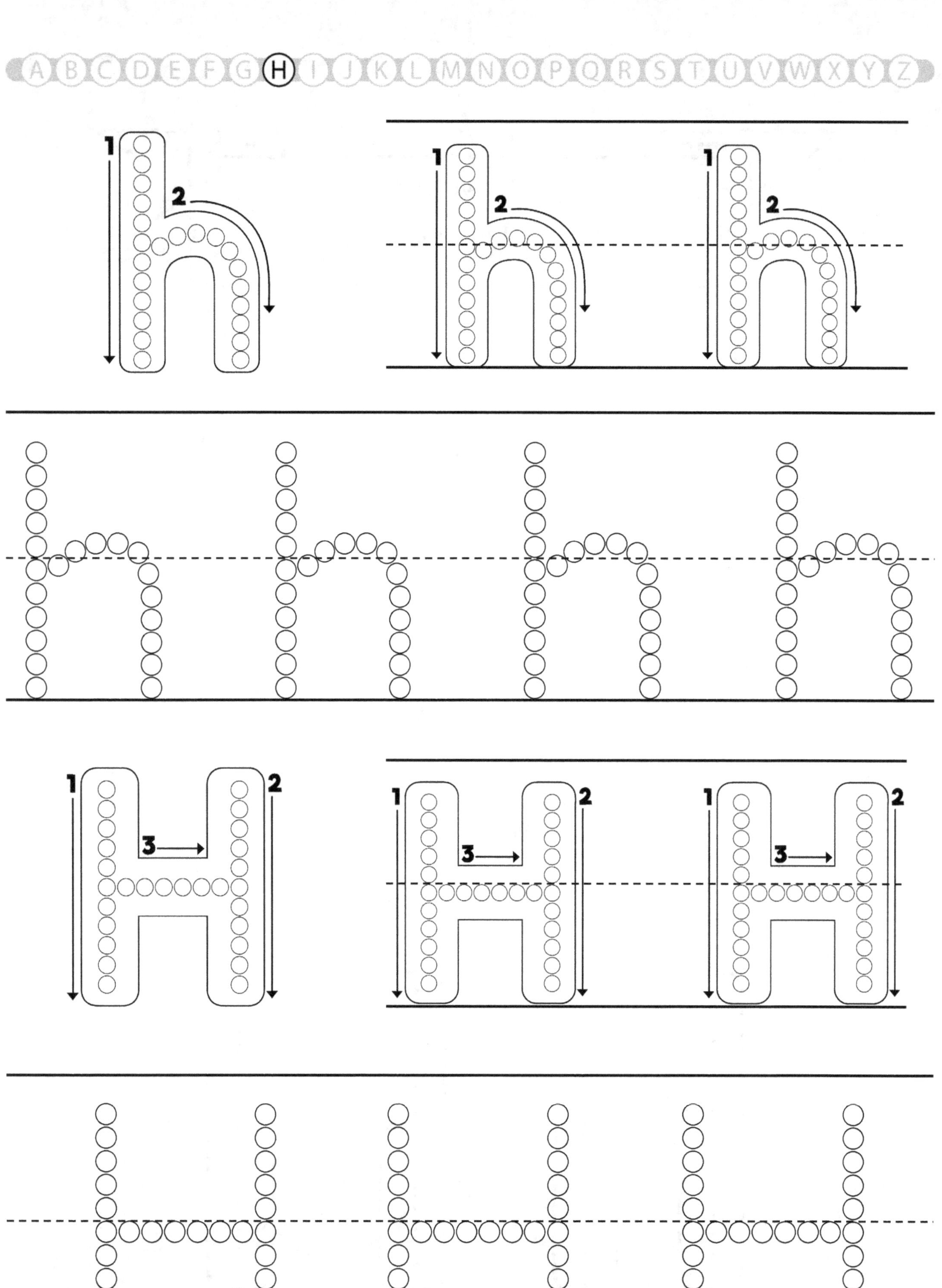

Let's Practice It

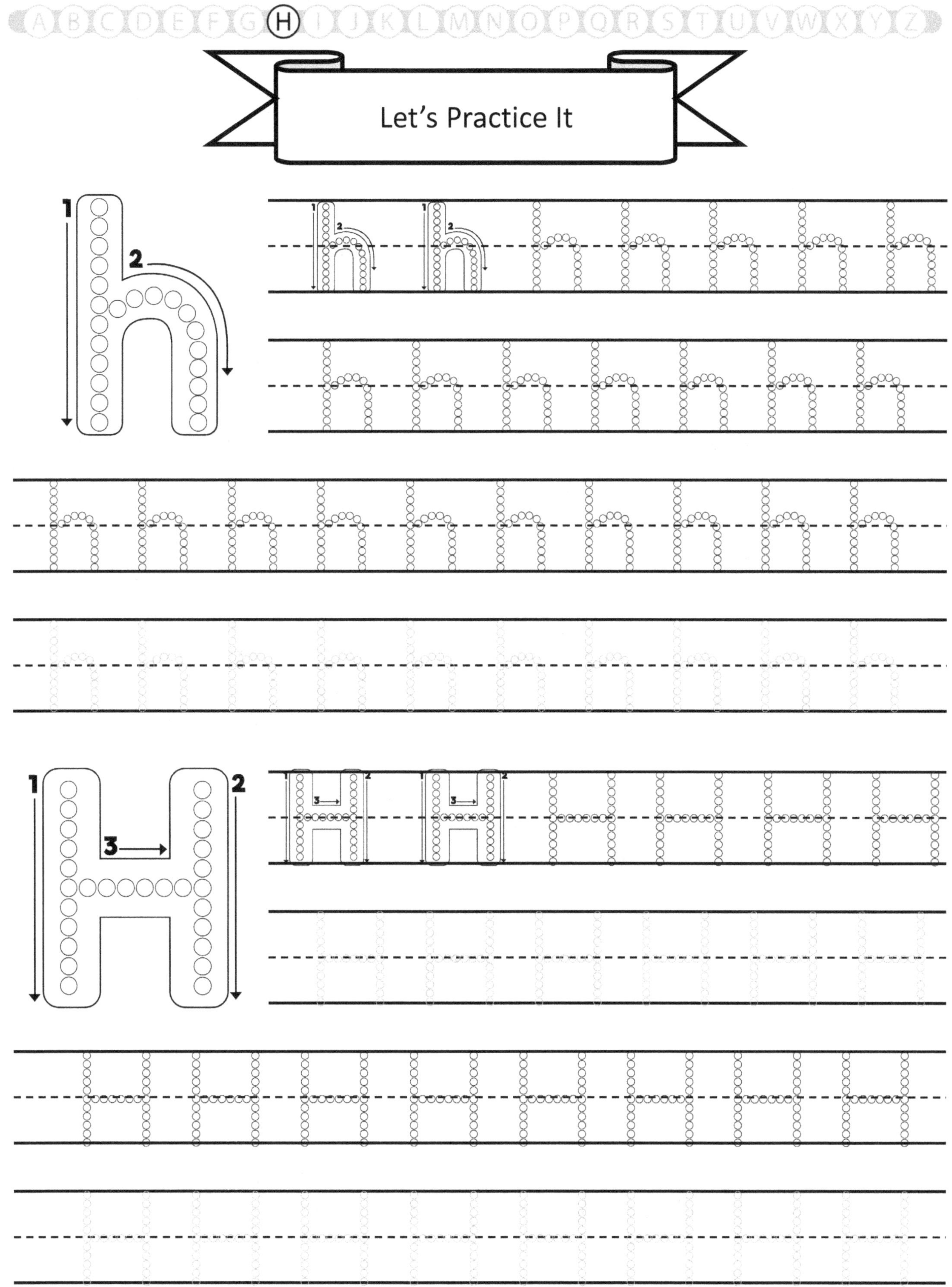

Let's Color It

I is for

IGUANA

Lets Write It
Iguana

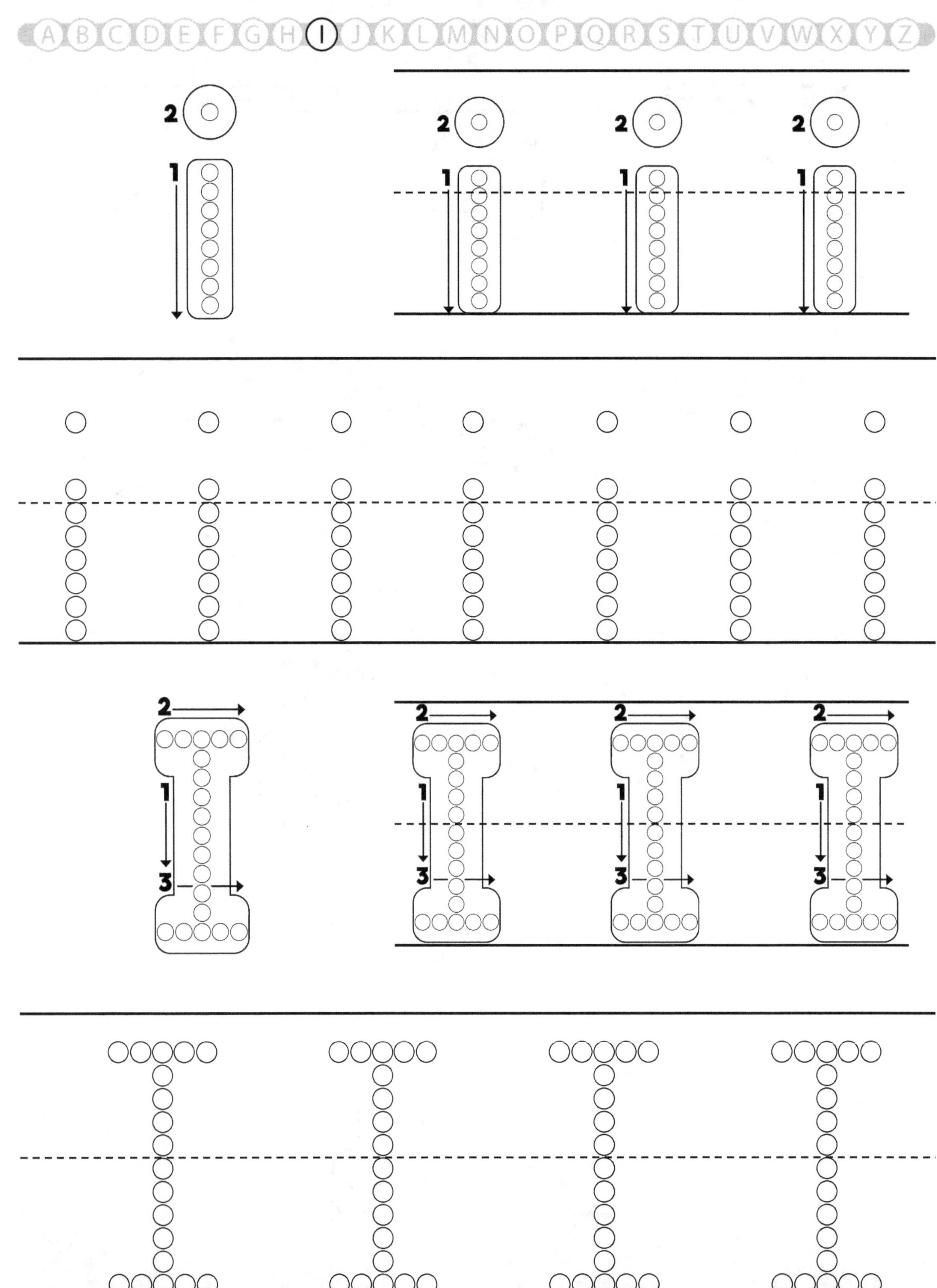

Let's Practice It

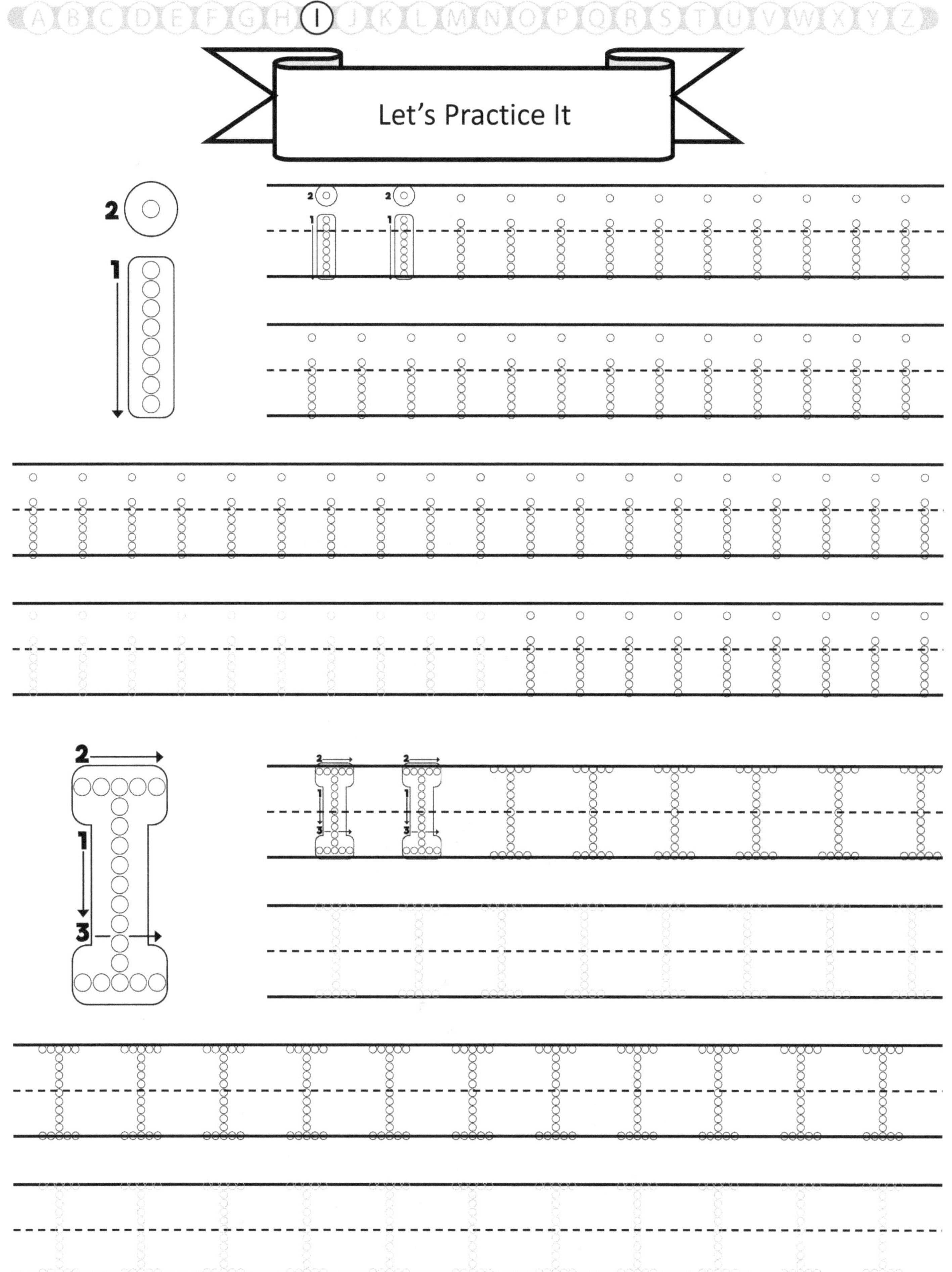

J is for

JELLYFISH

A B C D E F G H I J K L M N O P Q R S T U V W X Y Z

Lets Write It
Jellyfish

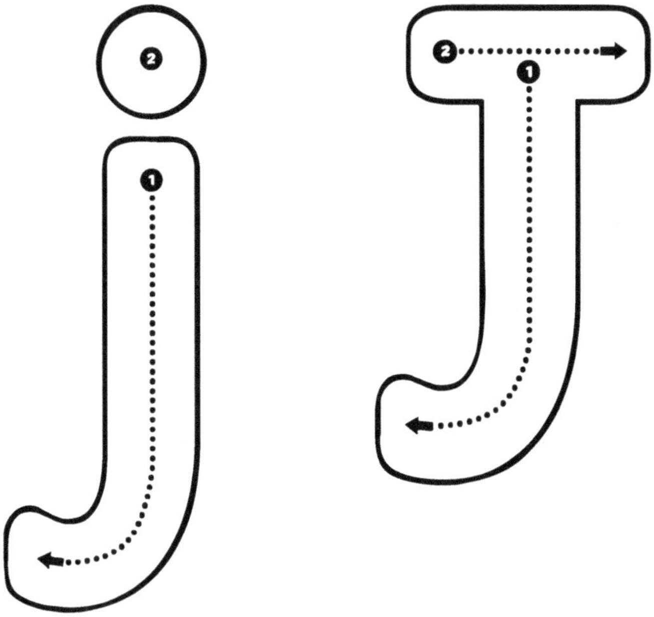

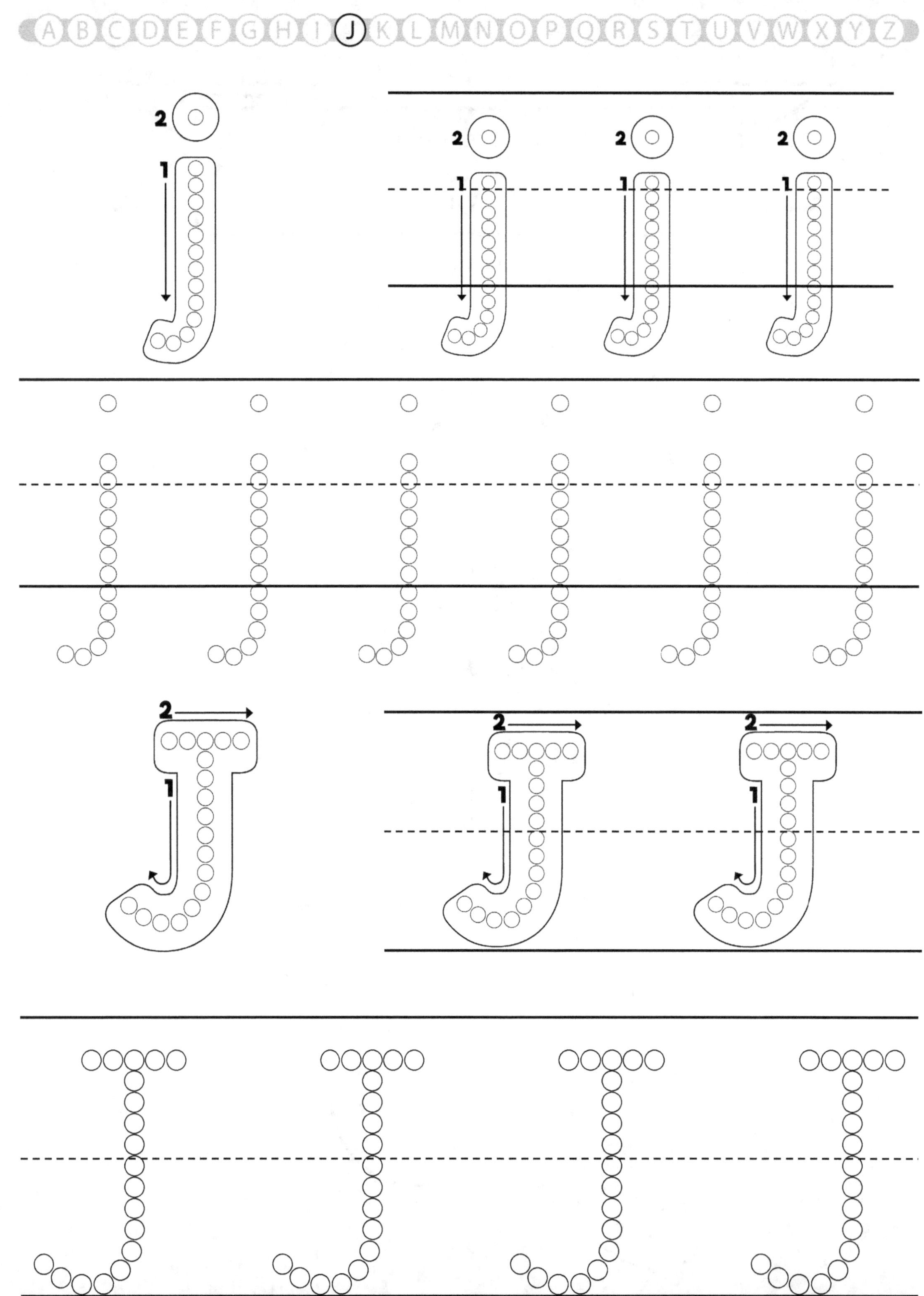

Let's Practice It

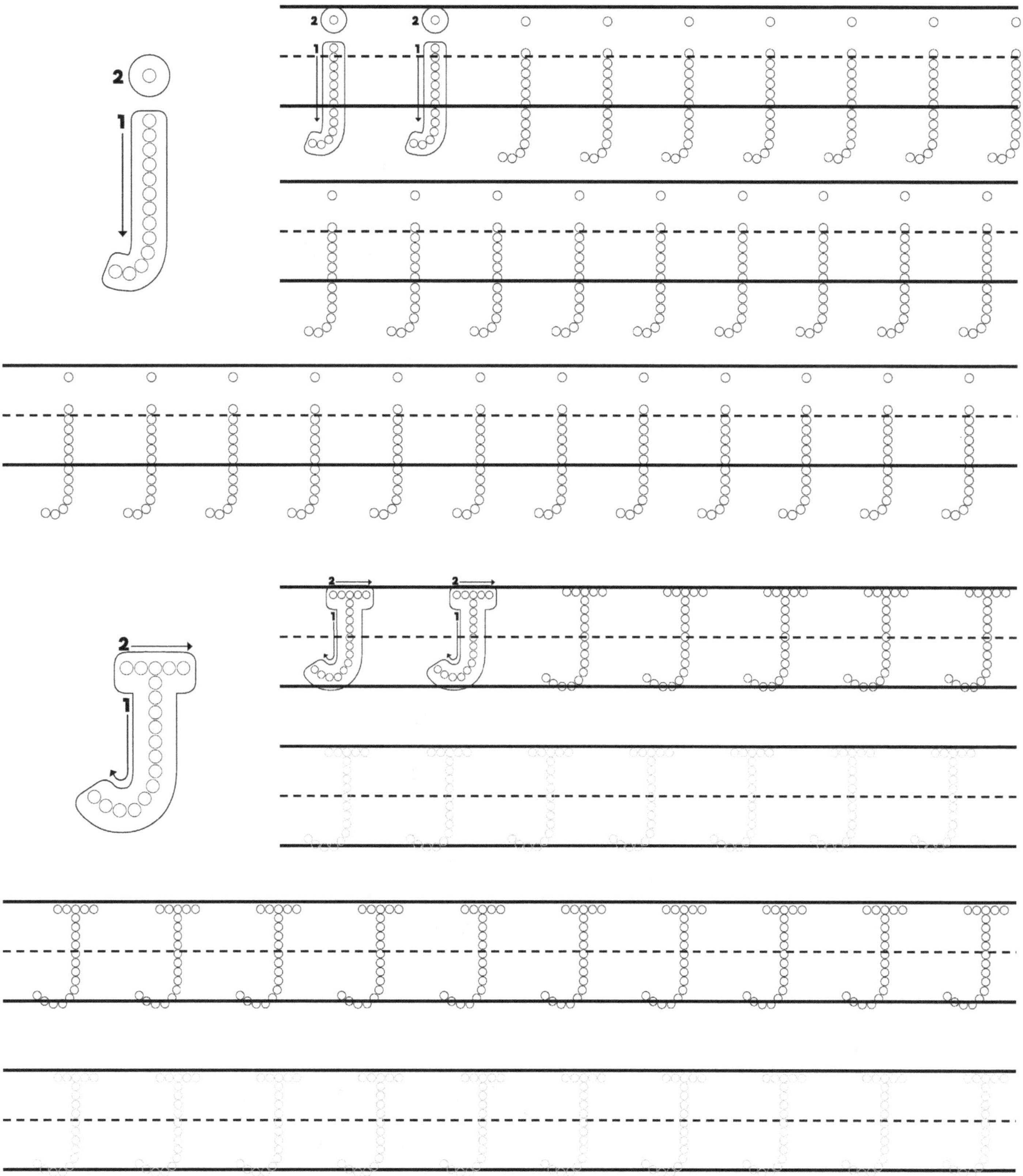

K is for

KANGAROO

A B C D E F G H I J K L M N O P Q R S T U V W X Y Z

Lets Write It
Kangaroo

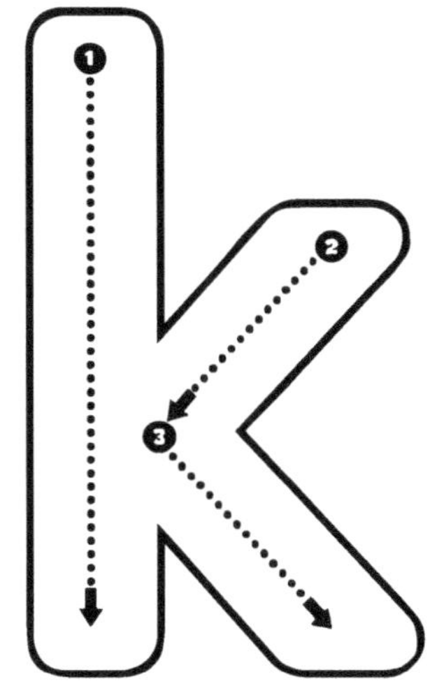

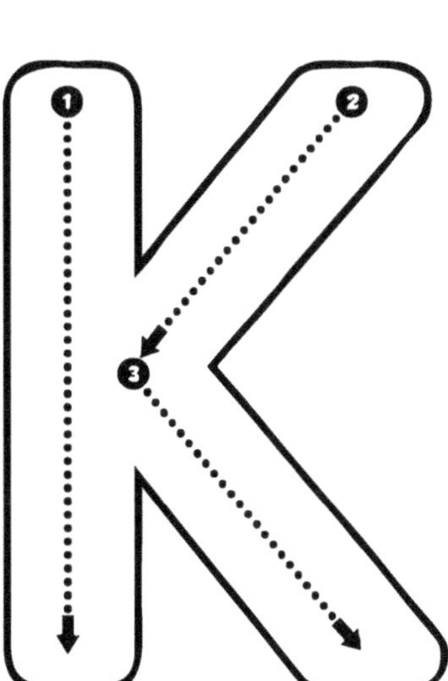

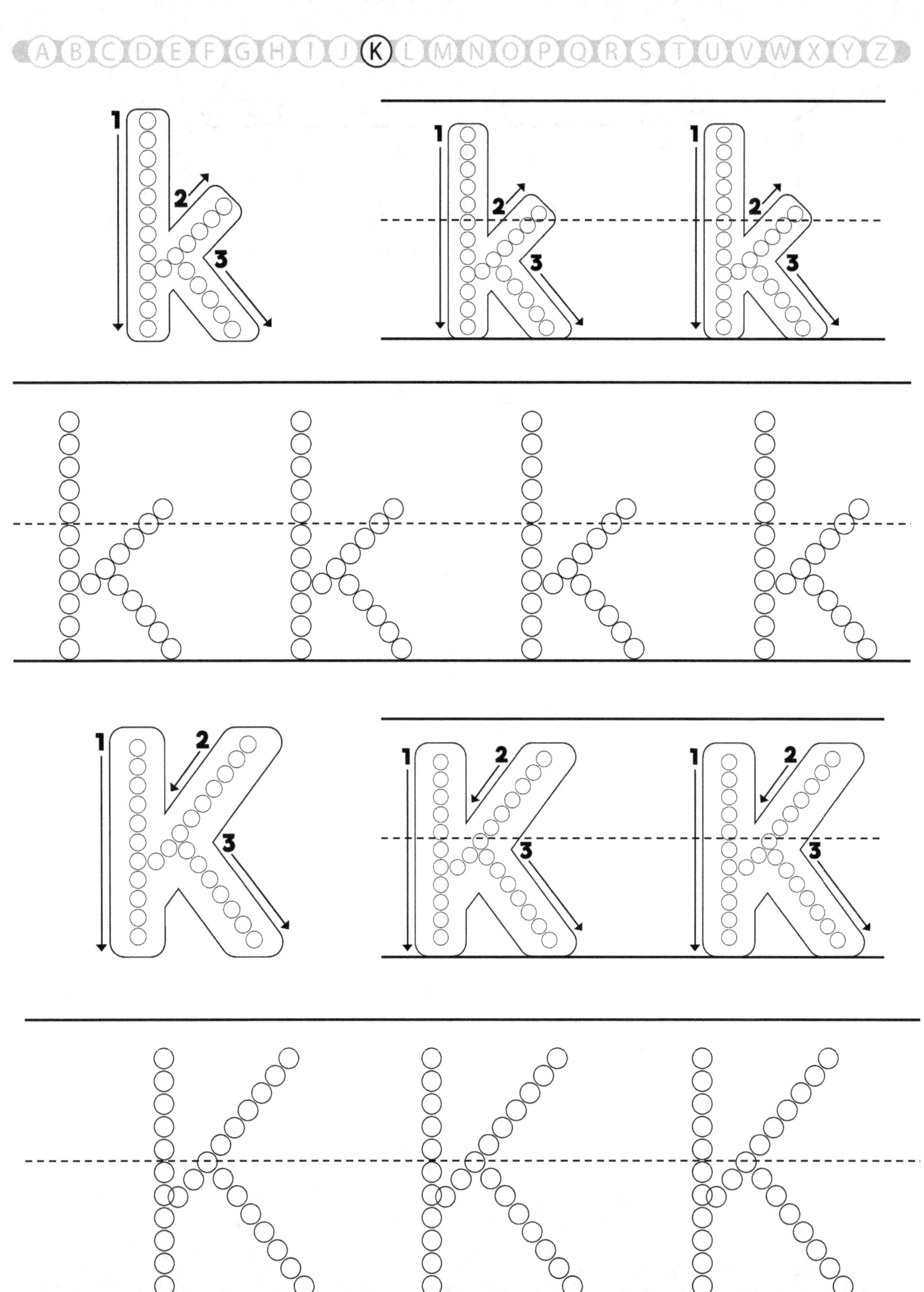

Let's Practice it

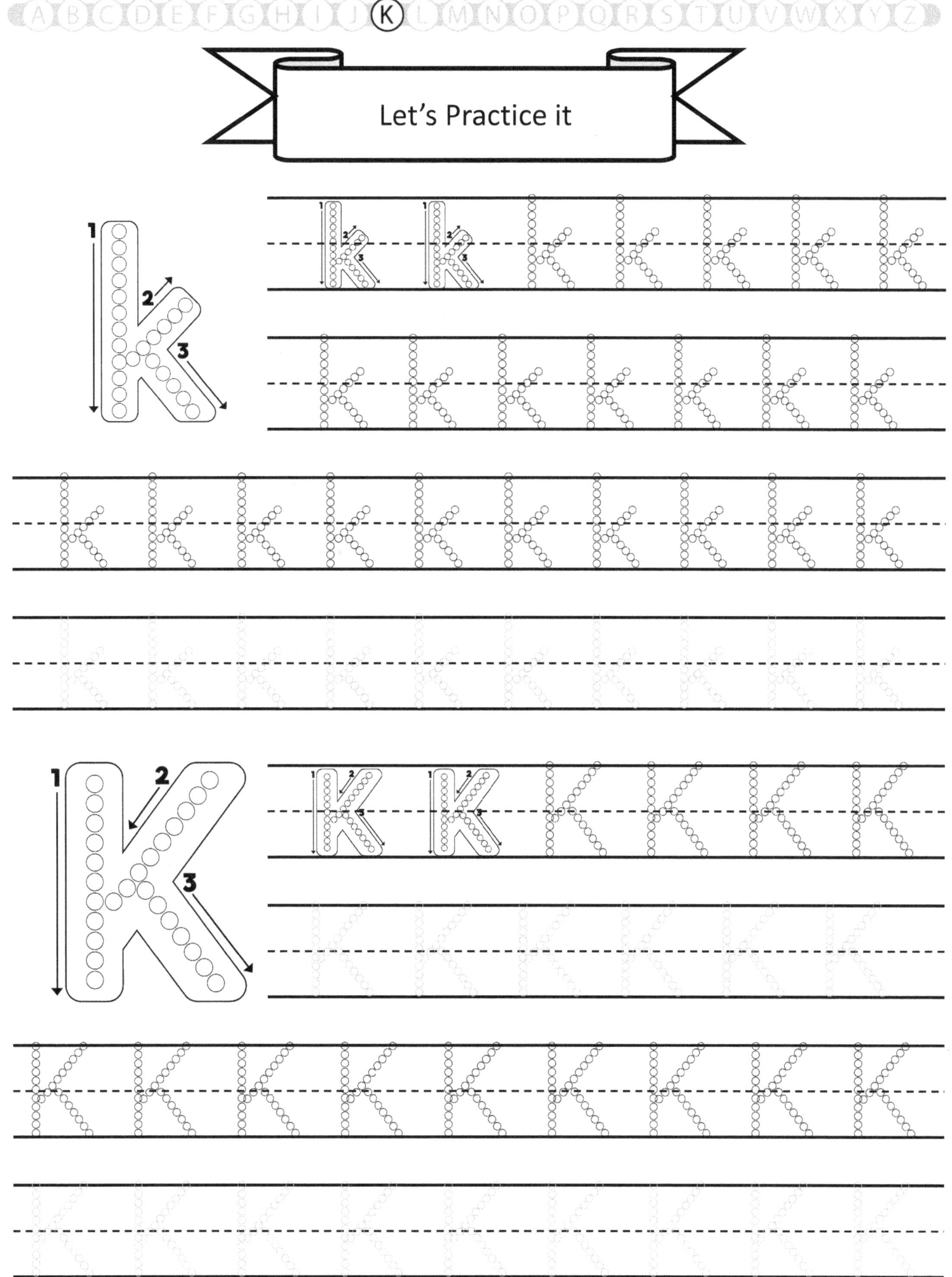

A B C D E F G H I J K L M N O P Q R S T U V W X Y Z
Let's Color It
L is for
LION

Lets Write It

Lion

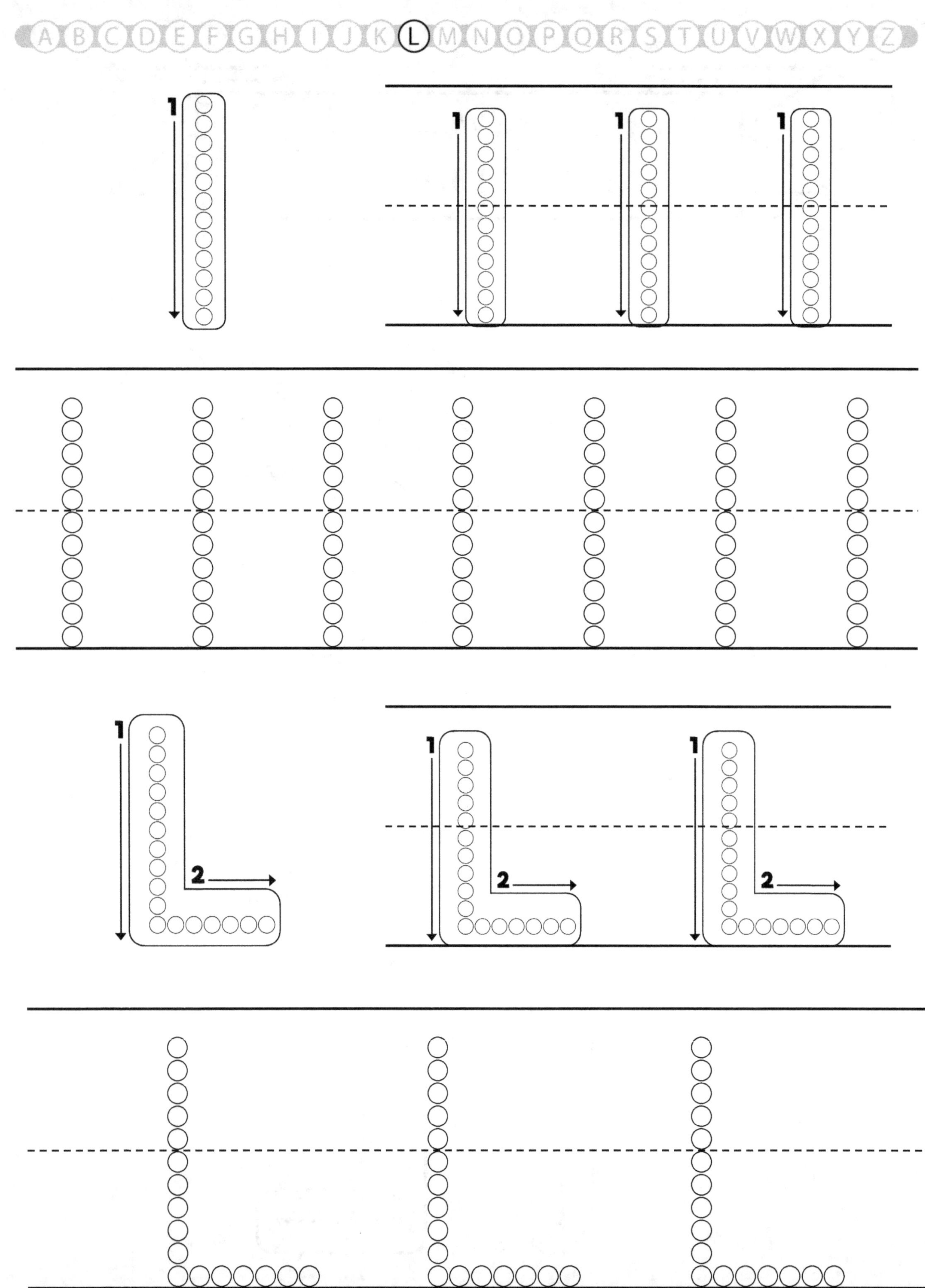

Let's Practice It

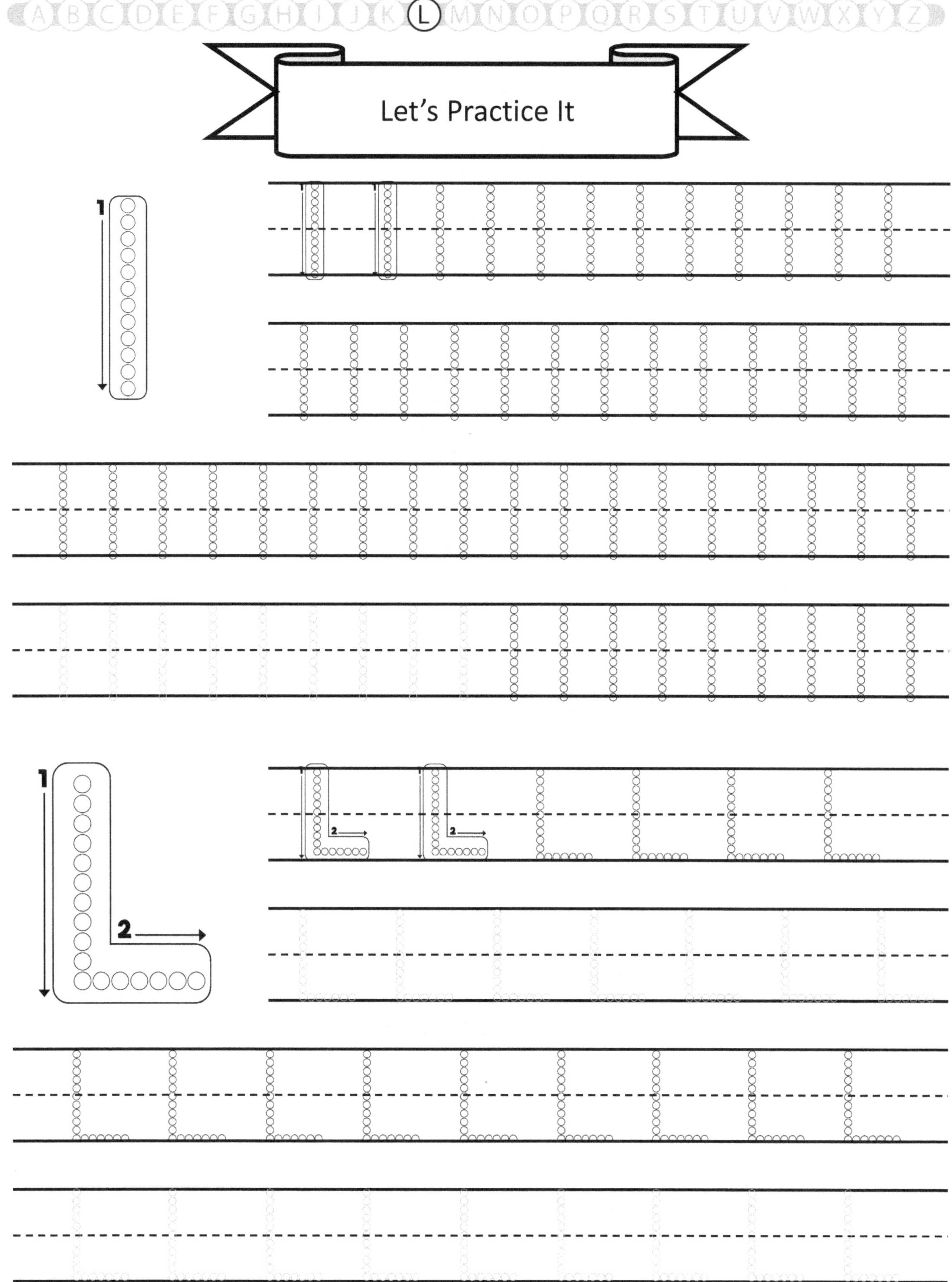

Let's Color It

M is for

MONKEY

Lets Write It
Monkey

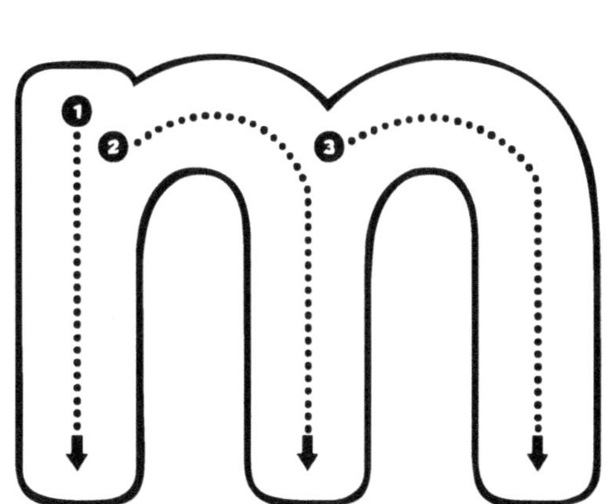

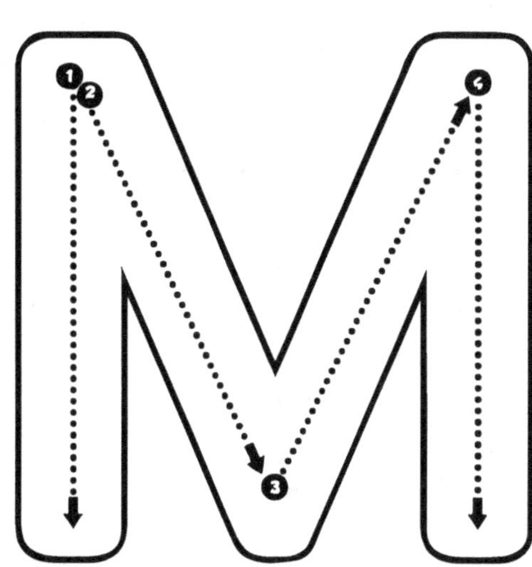

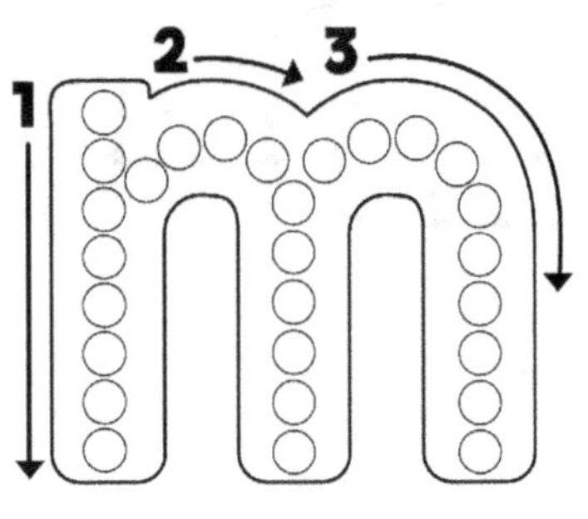

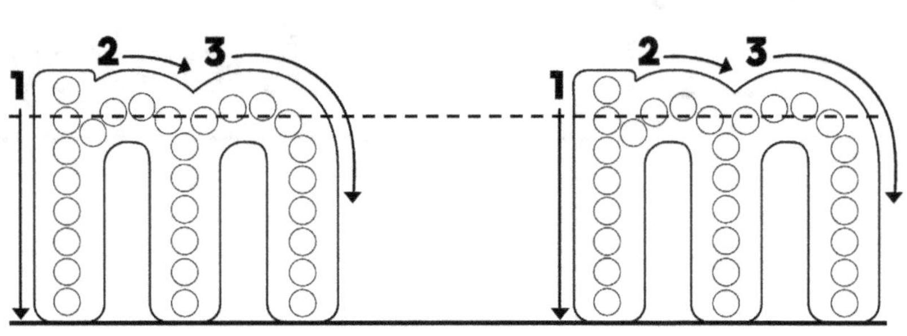

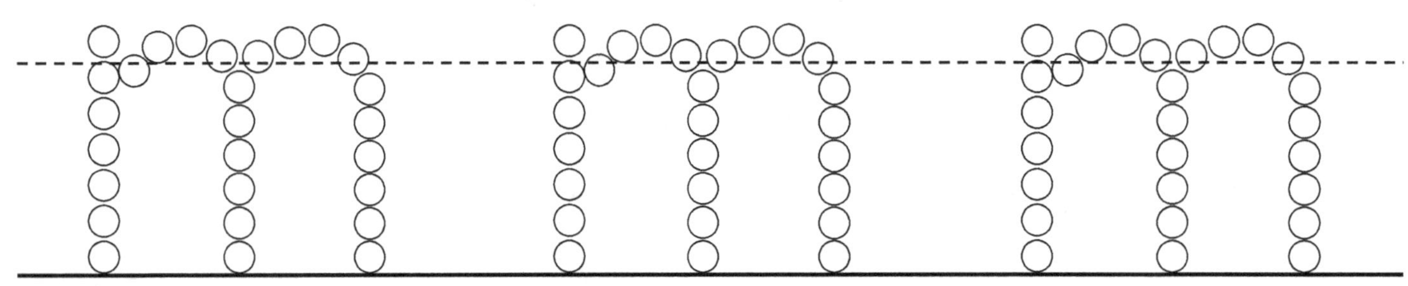

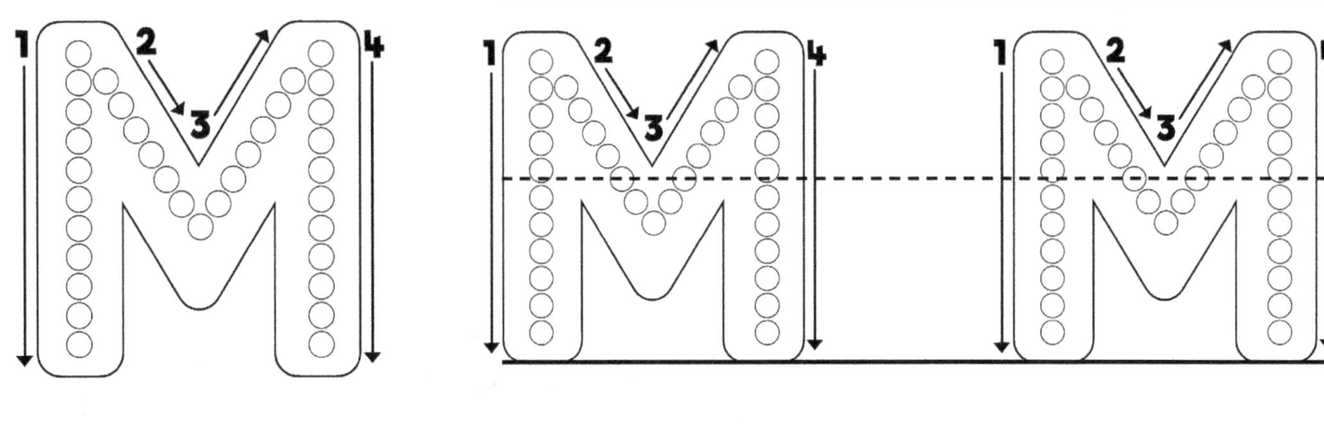

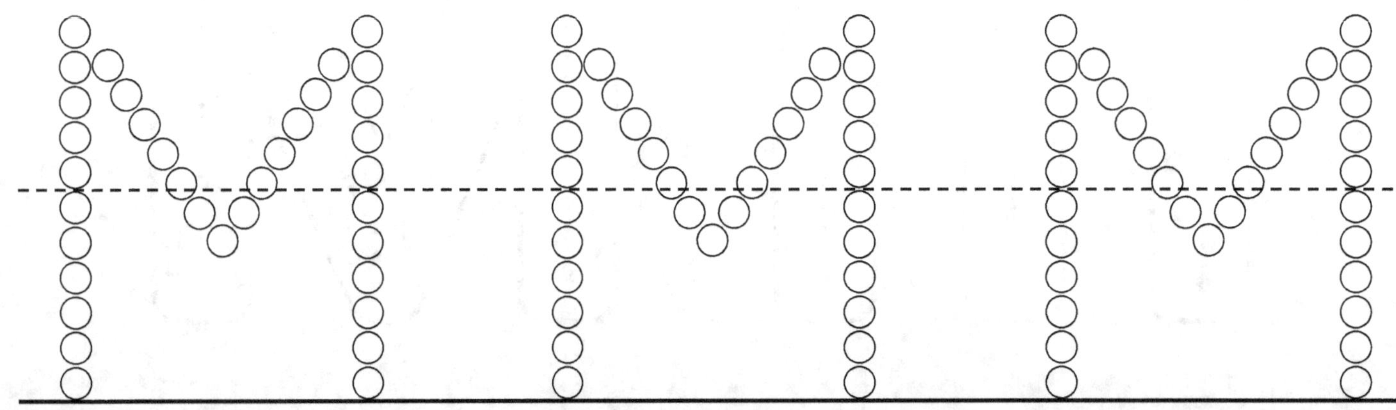

Let's Practice It

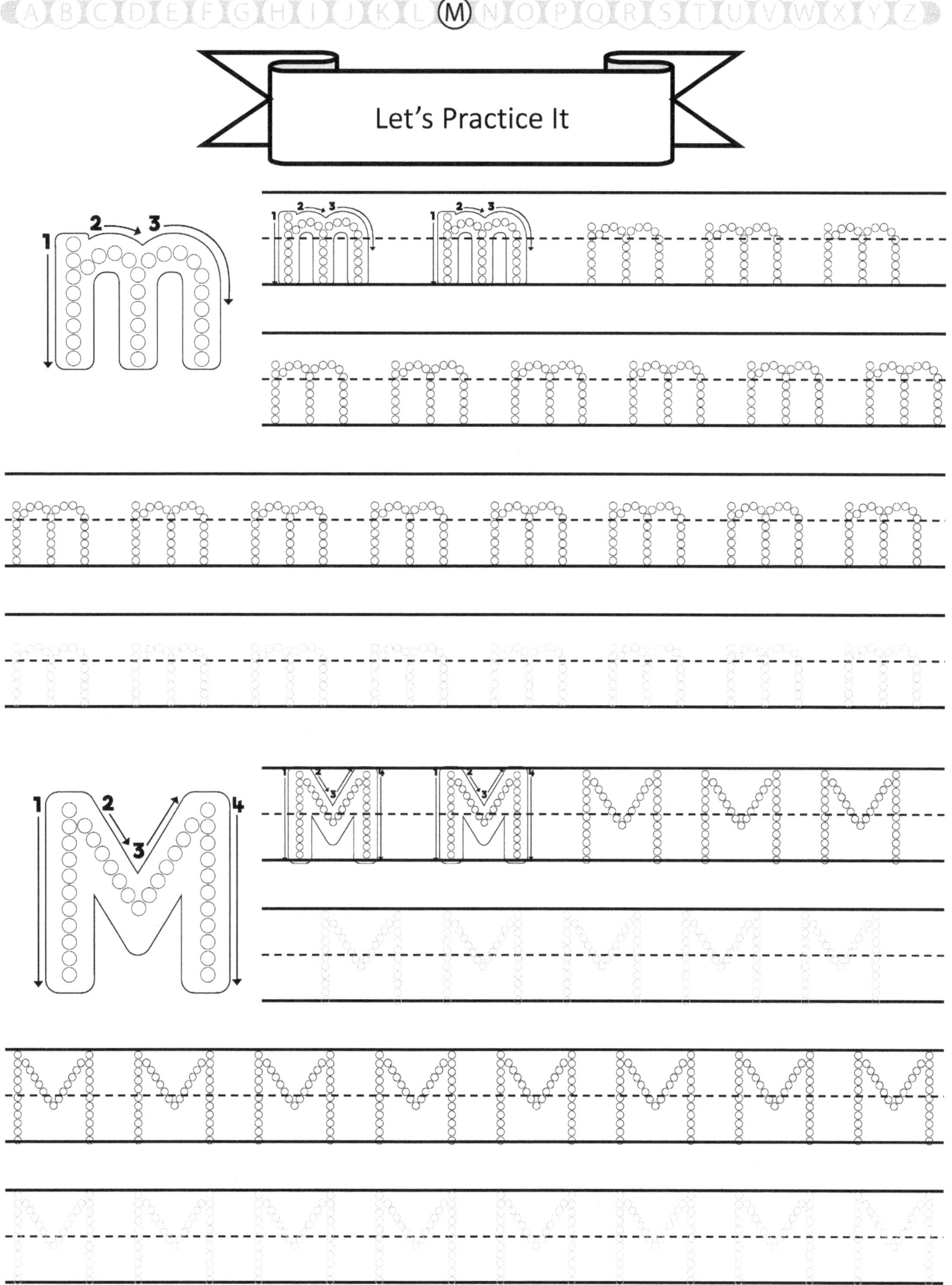

N is for

NUMBAT

Lets Write It

Numbat

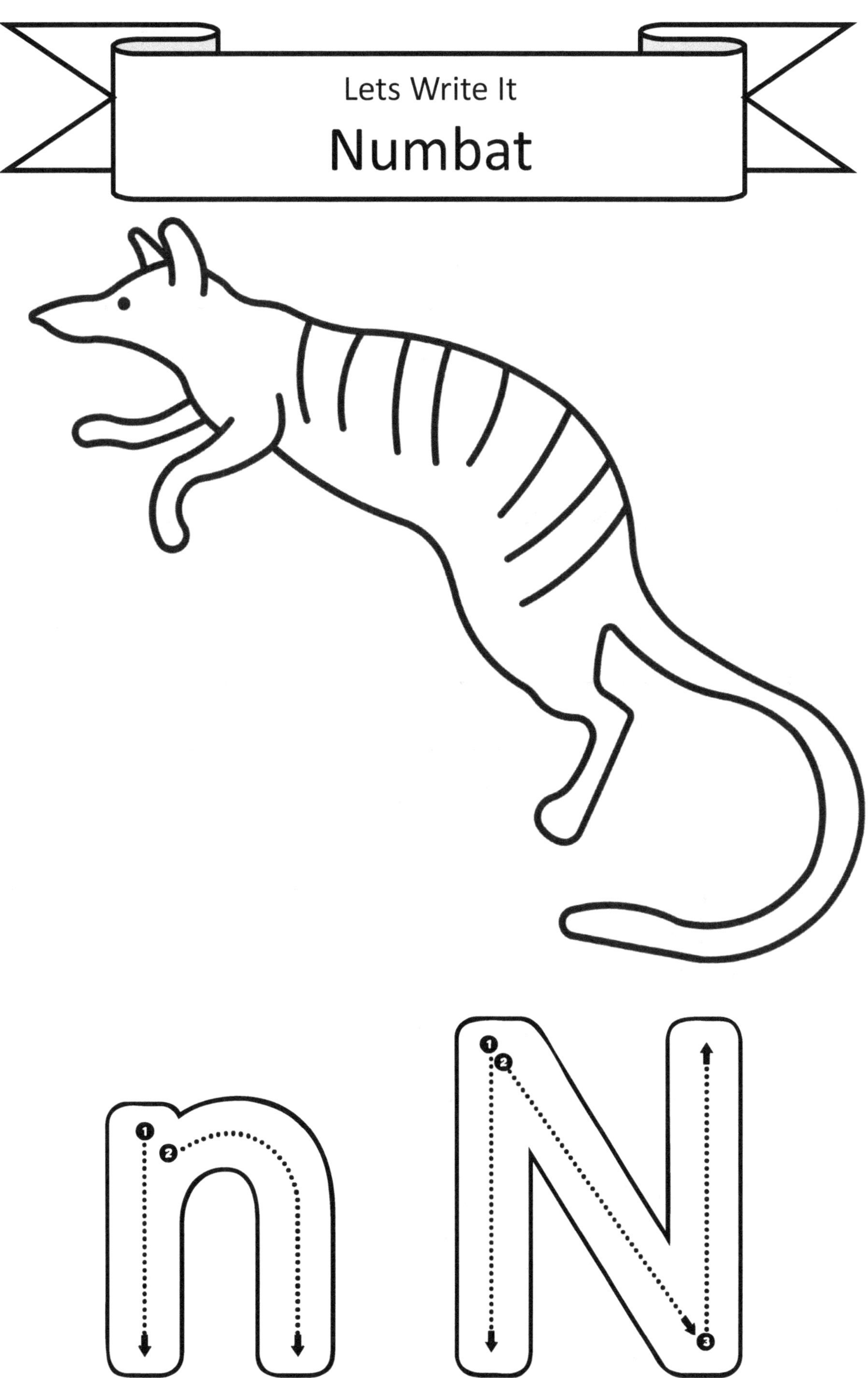

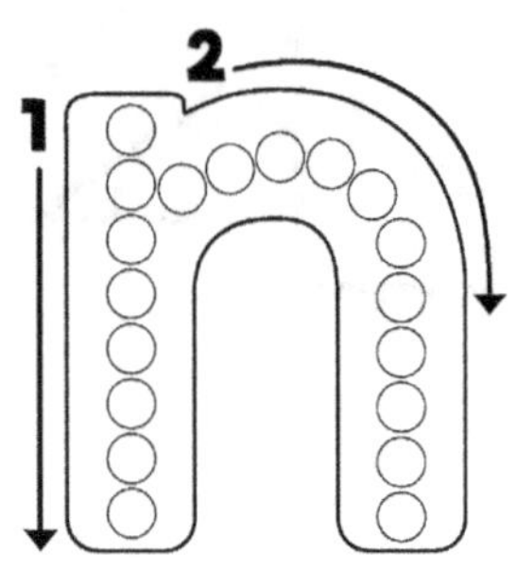

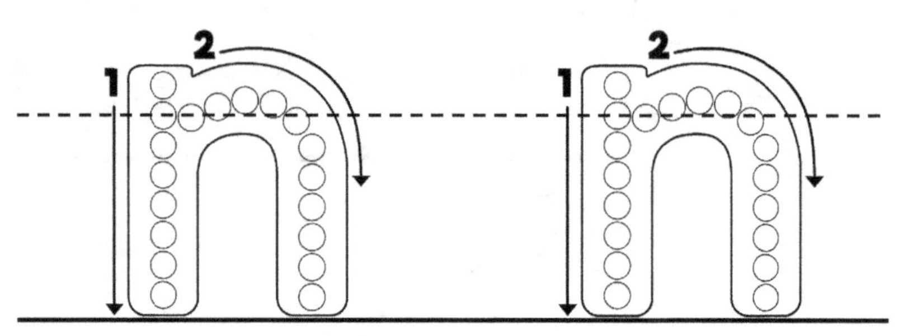

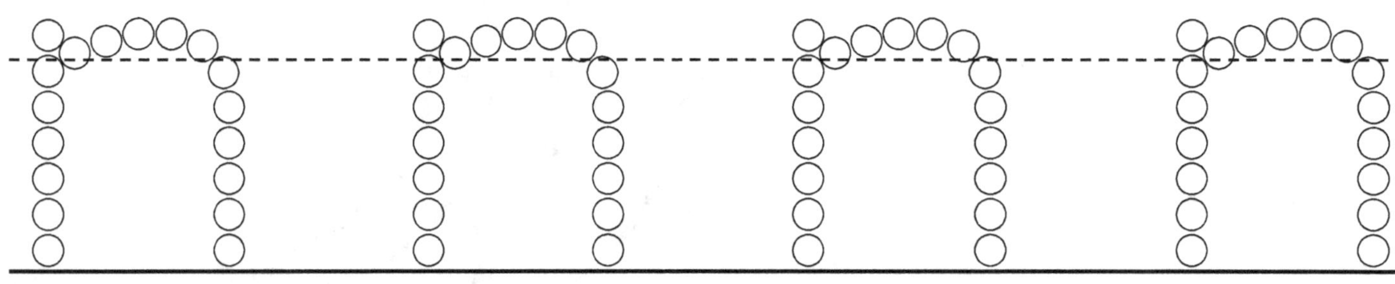

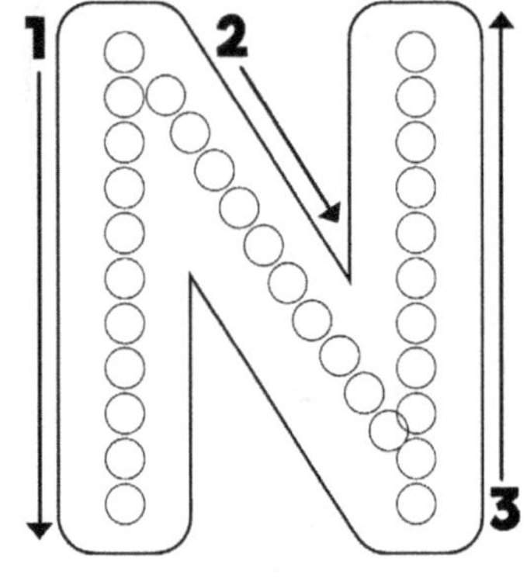

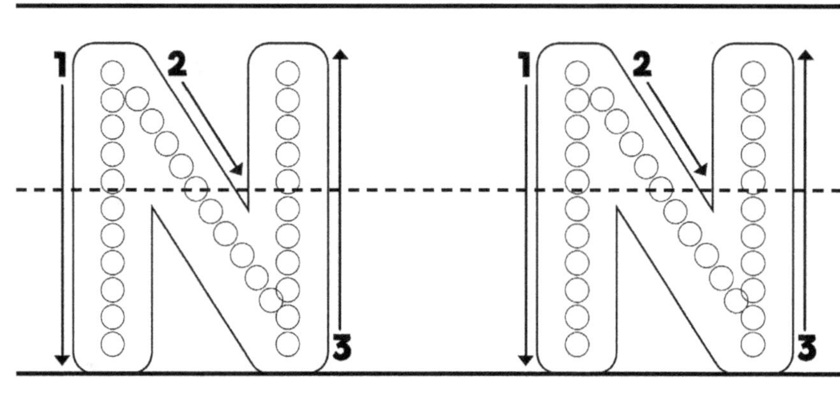

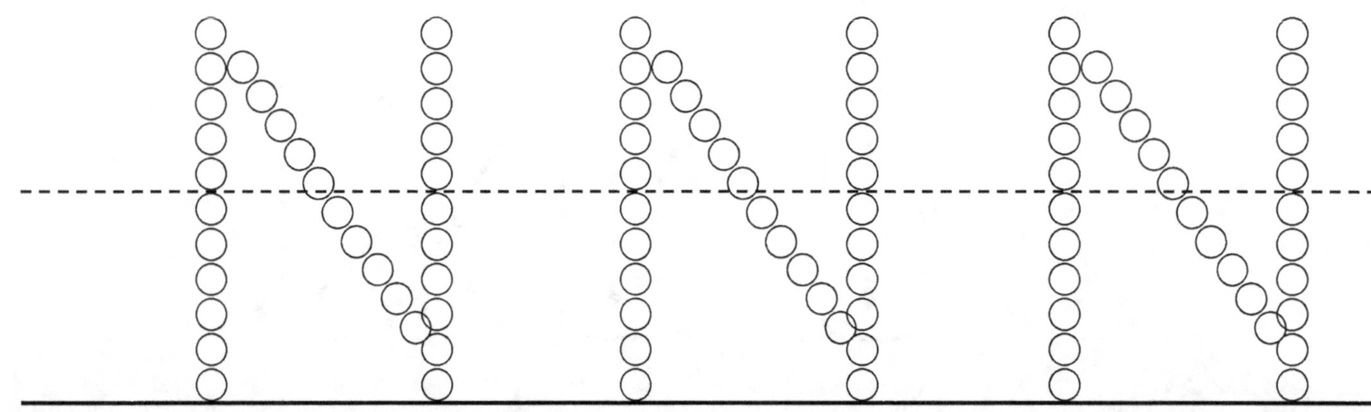

Let's Practice It

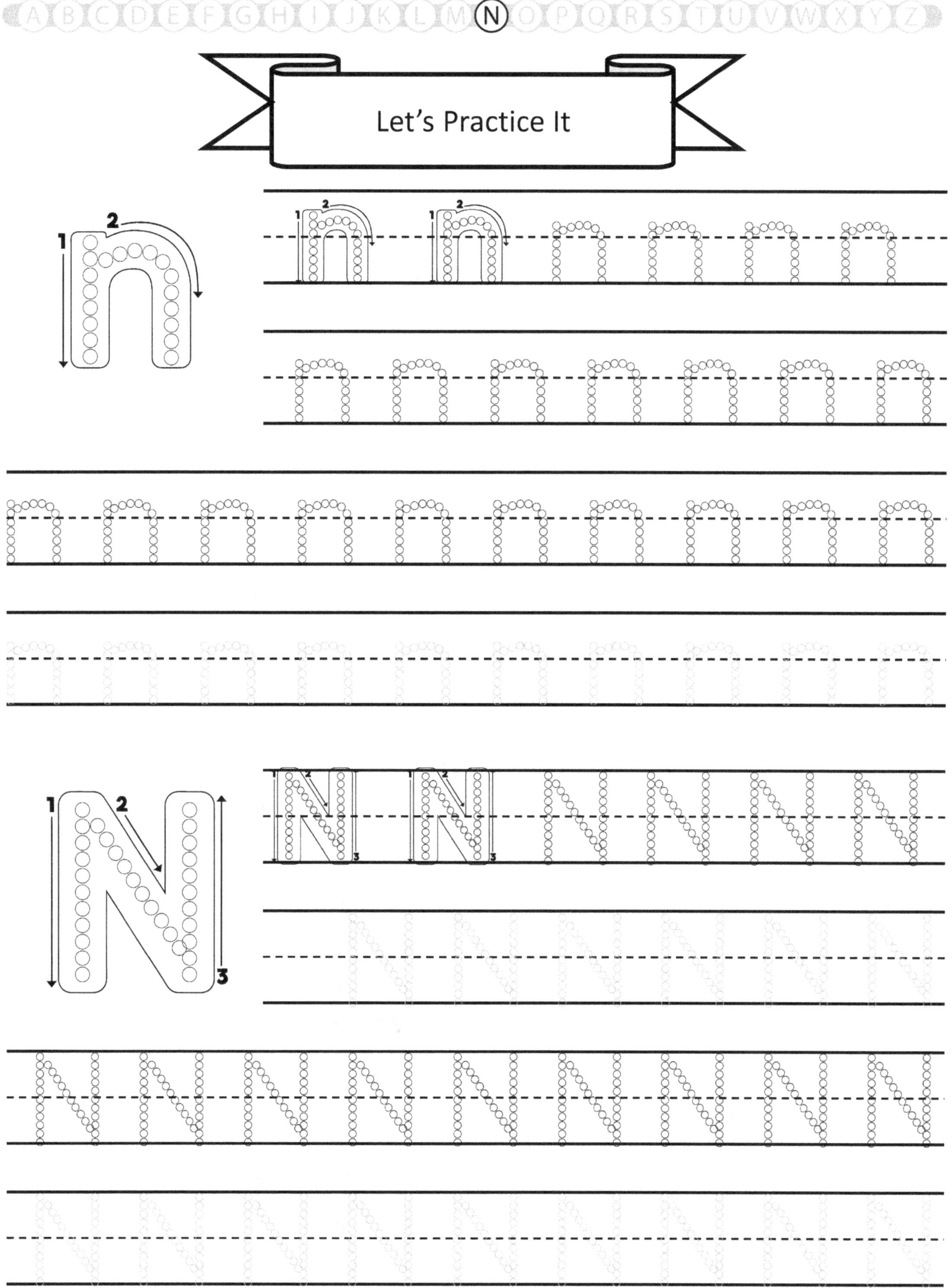

Let's Color It

O is for
OWL

Lets Write It

Owl

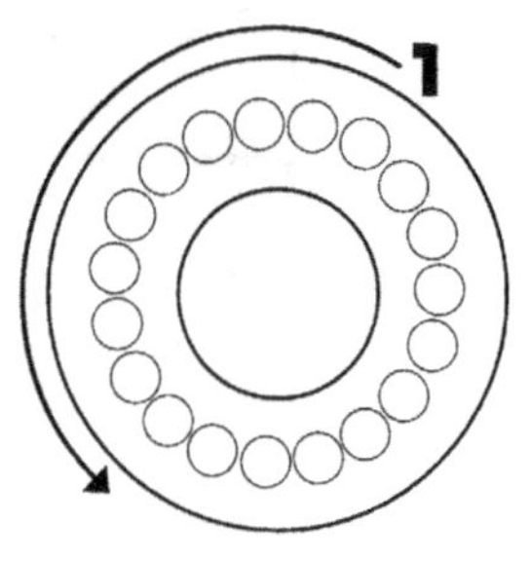

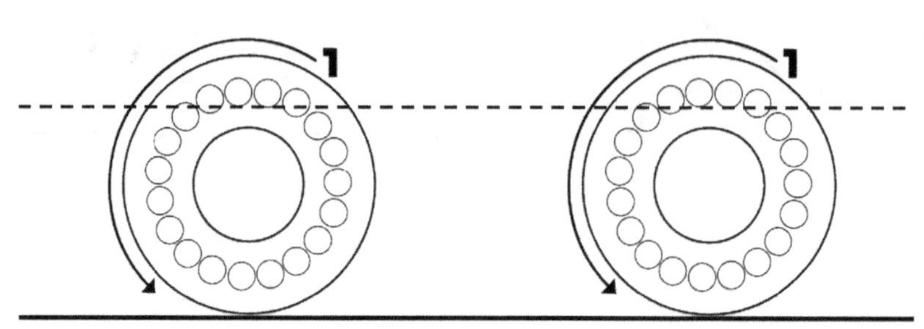

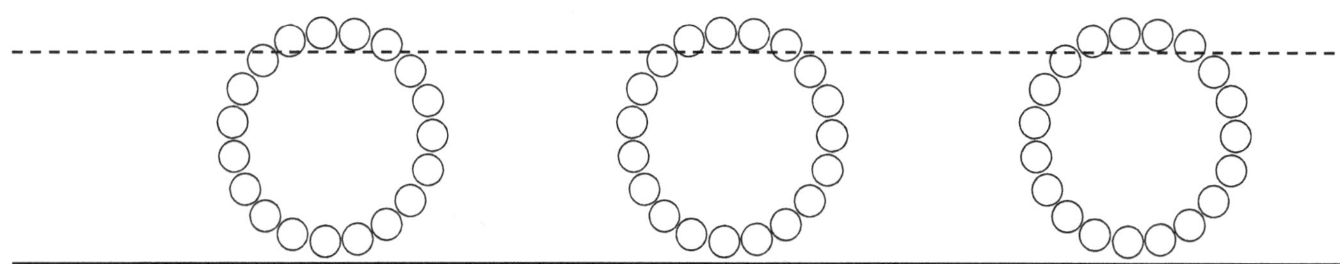

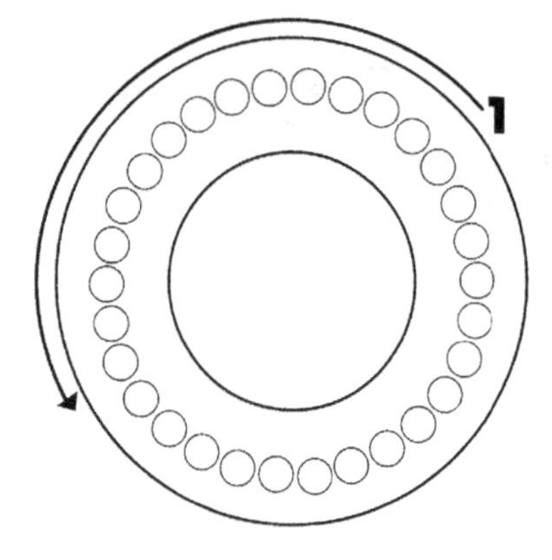

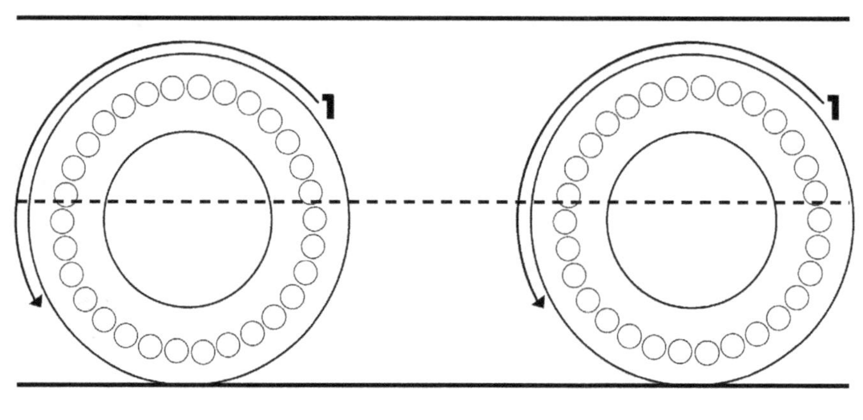

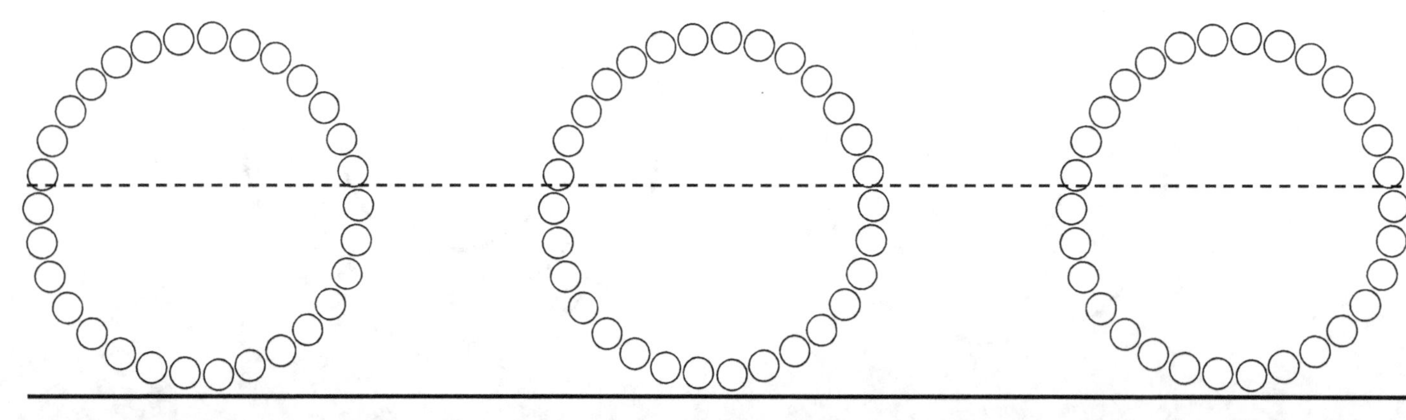

Let's Practice It

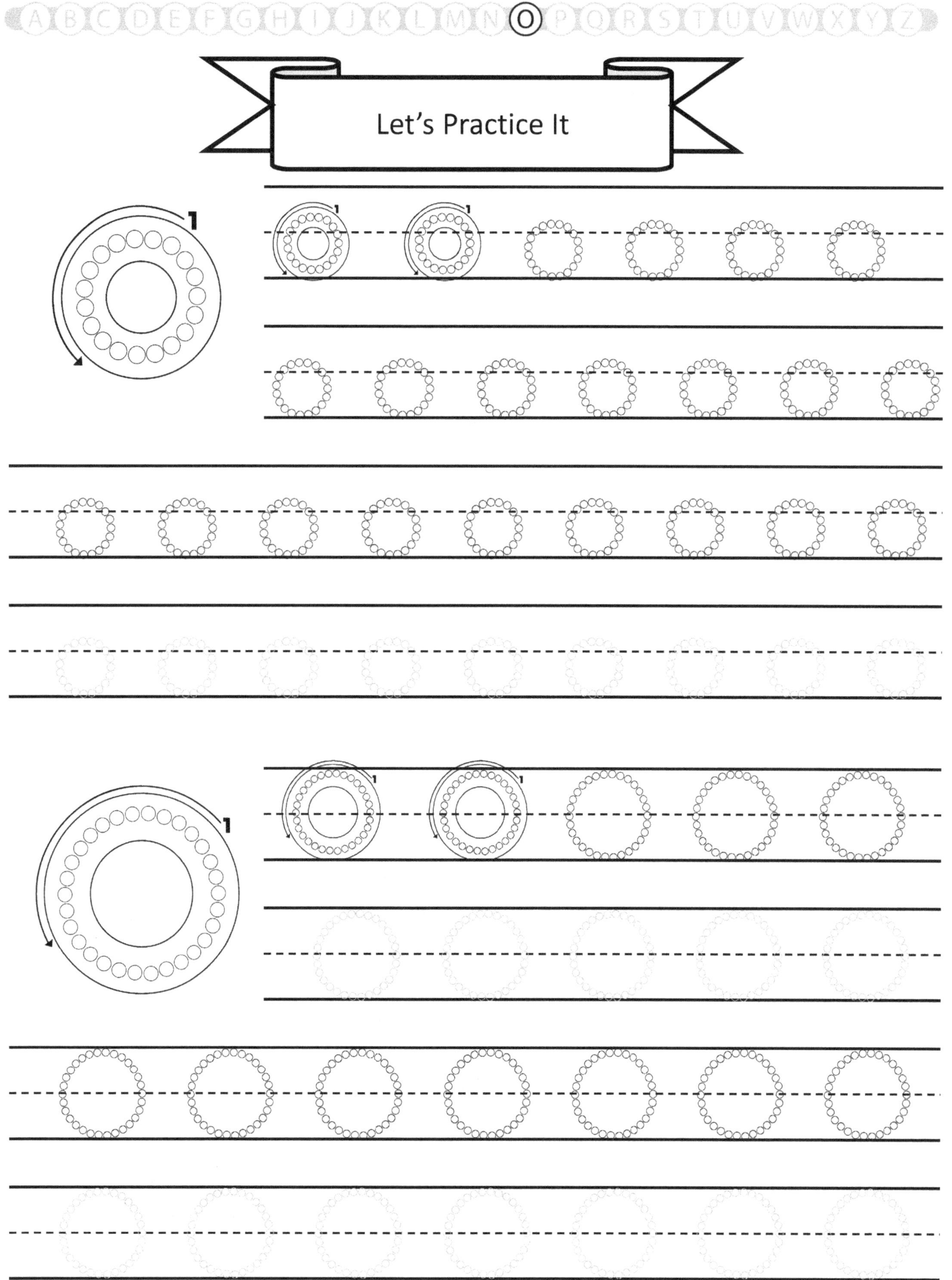

P is for
PENGUIN

Lets Write It

Penguin

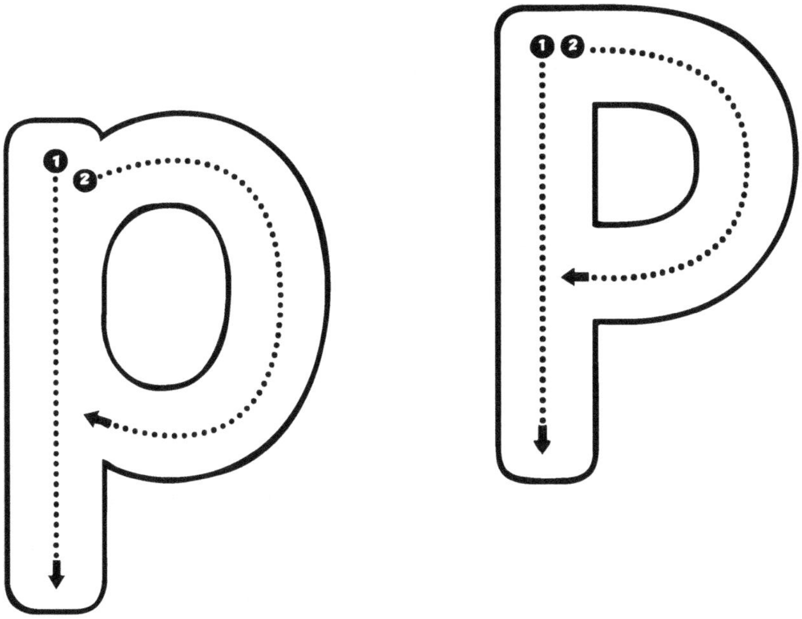

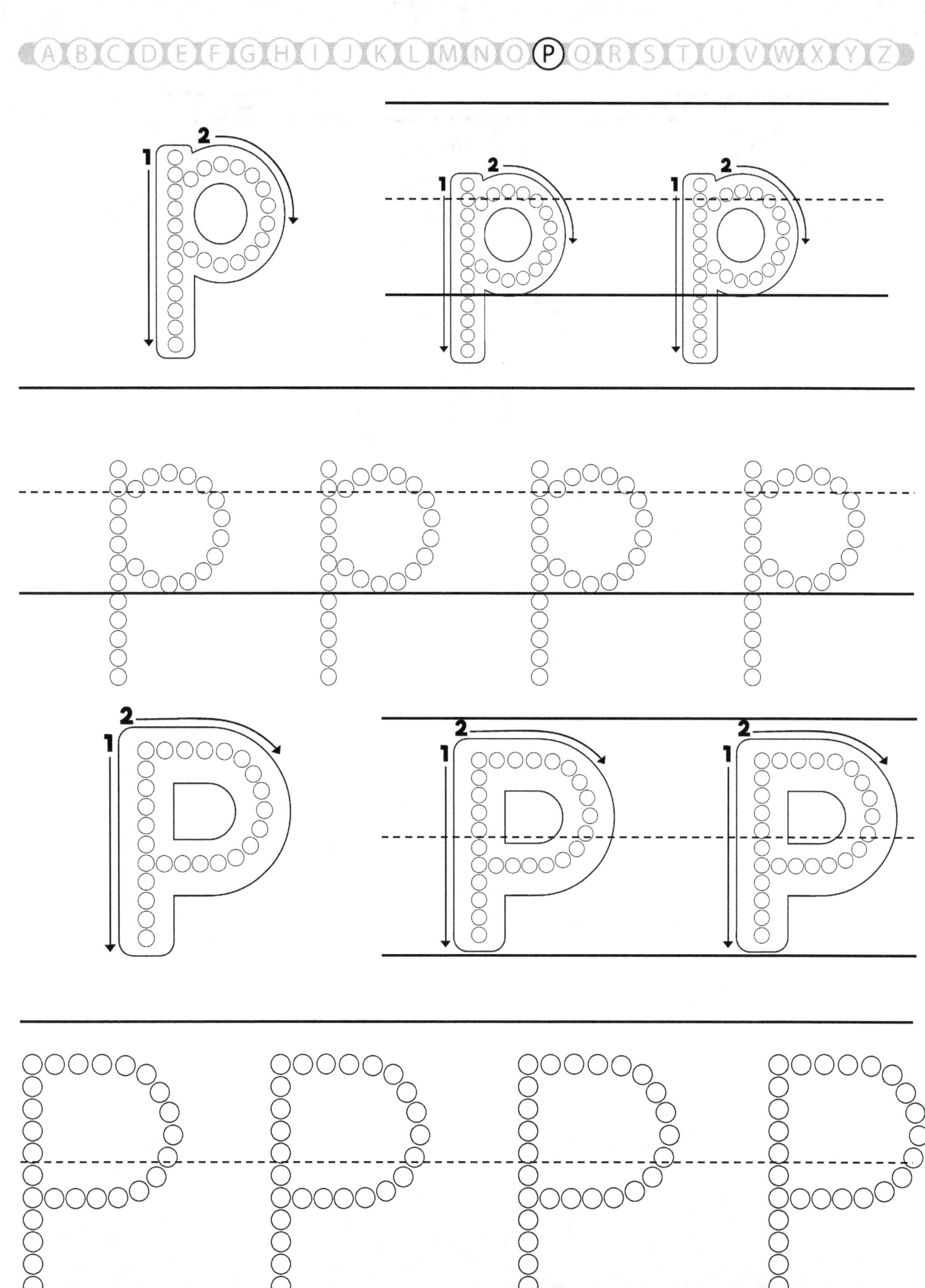

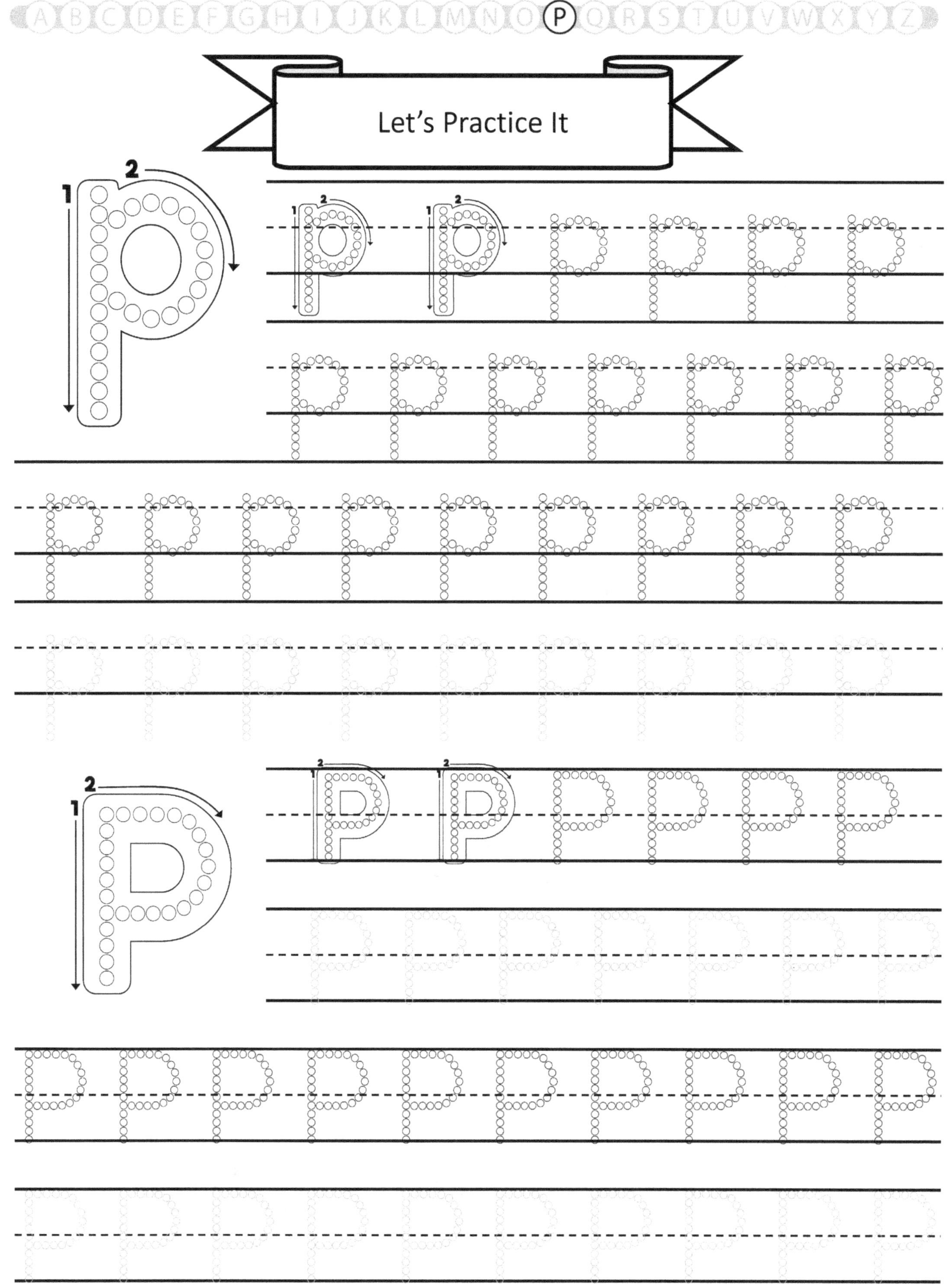
Let's Practice It

A B C D E F G H I J K L M N O P Q R S T U V W X Y Z

Let's Color It
Q is for
QUAIL

Lets Write It
Quail

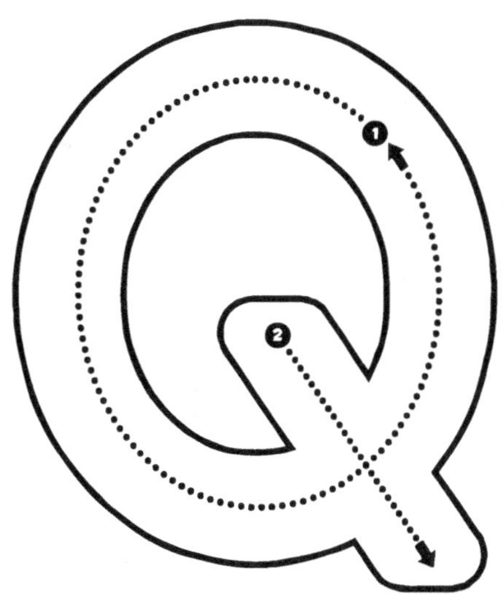

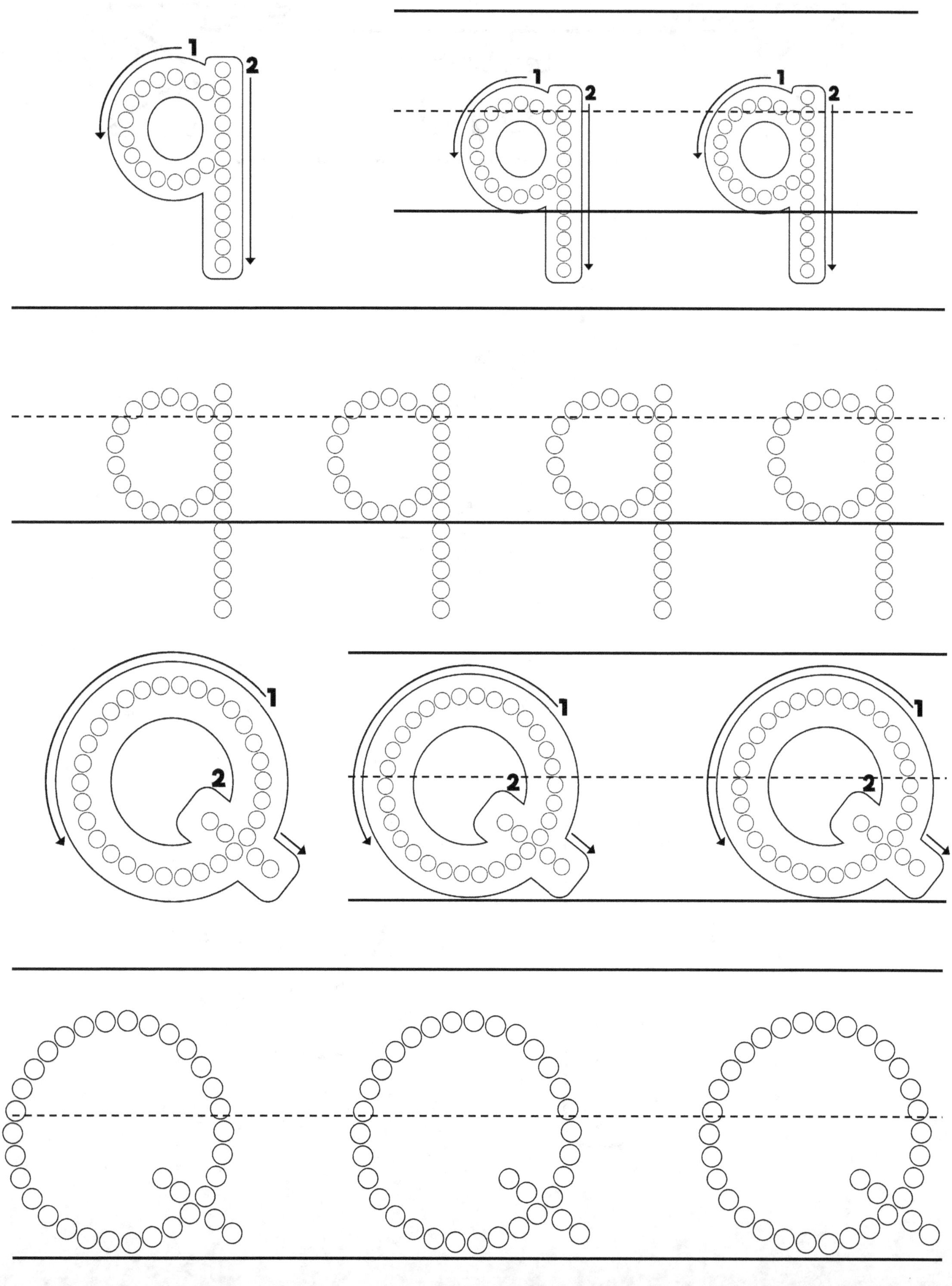

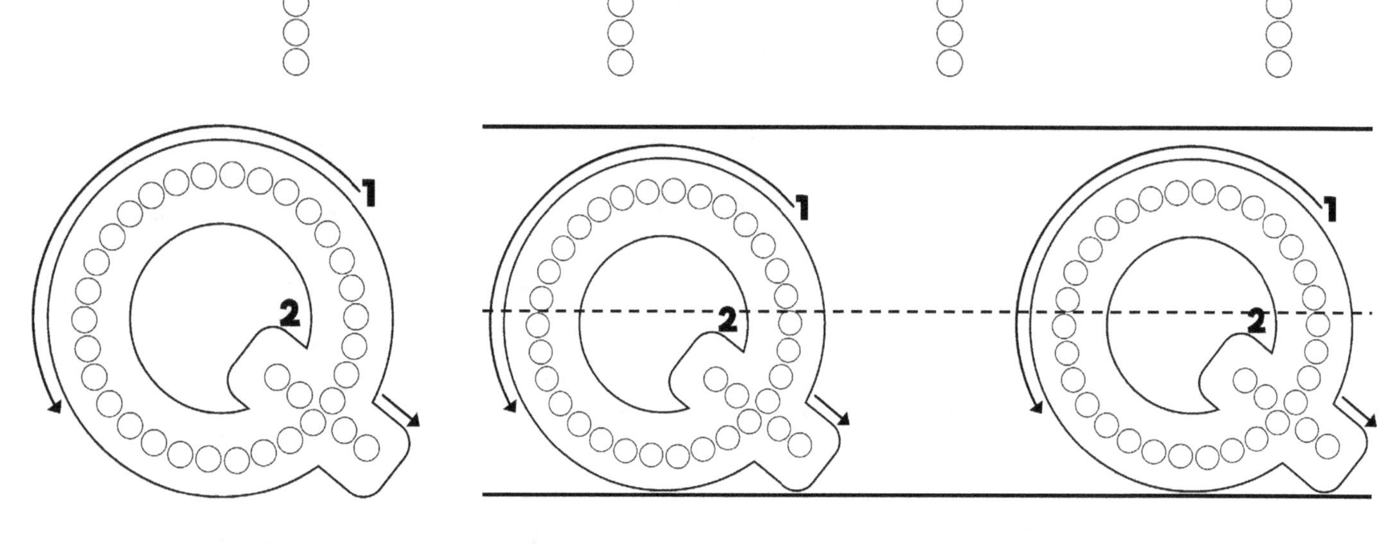

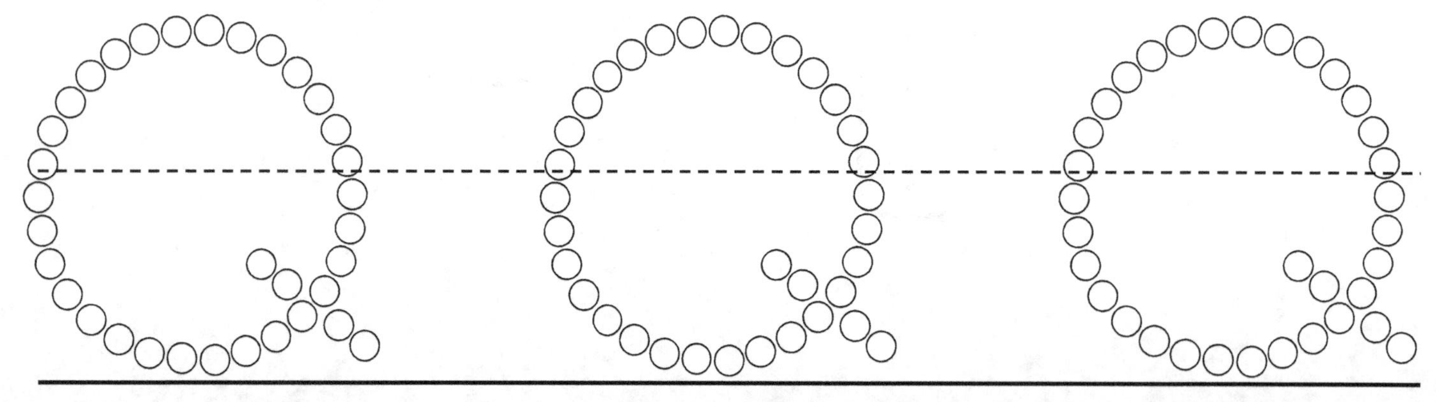

Let's Practice It

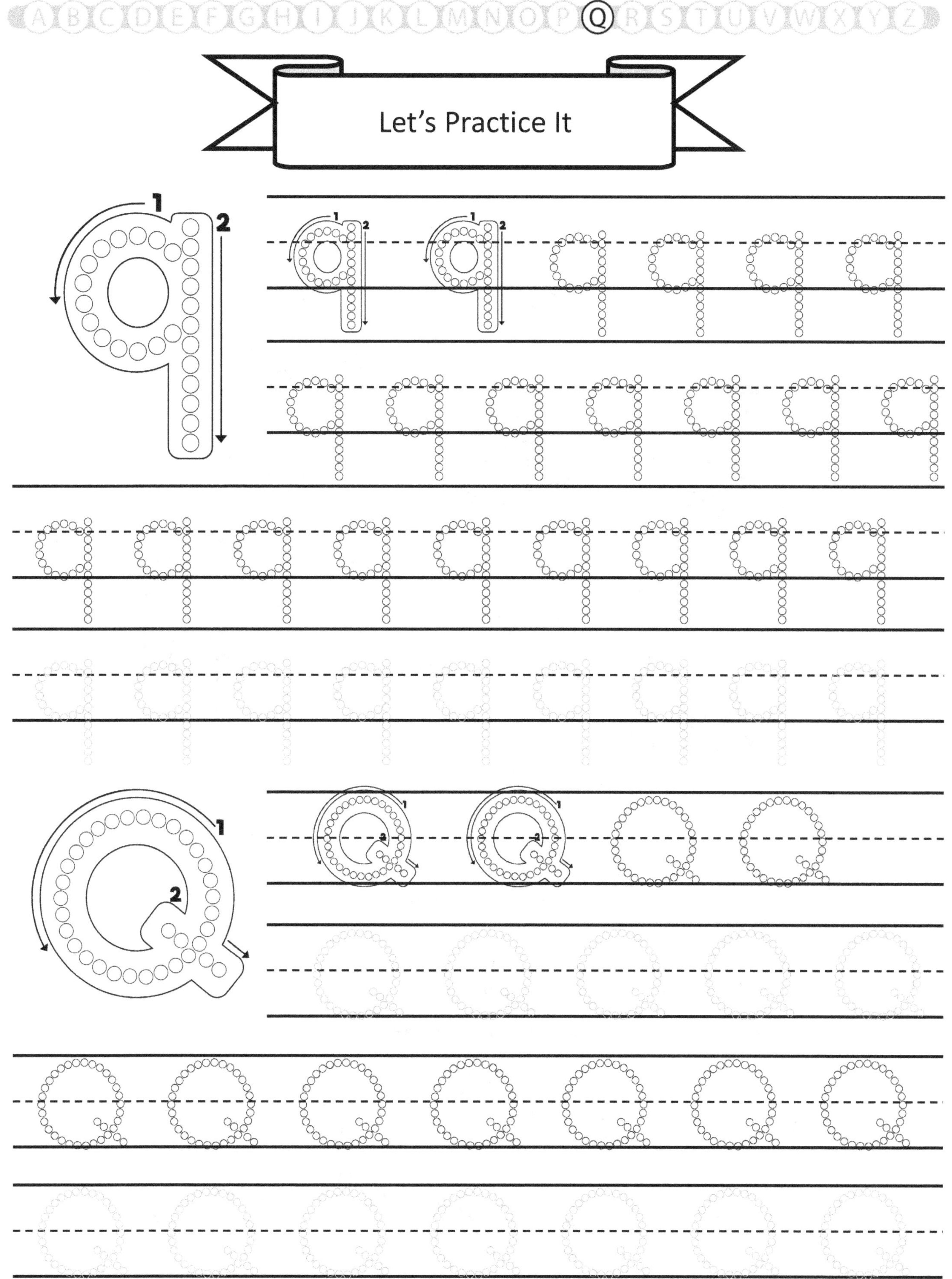

Let's Color It

R is for

RACCOON

A B C D E F G H I J K L M N O P Q Ⓡ S T U V W X Y Z

Lets Write It
Raccoon

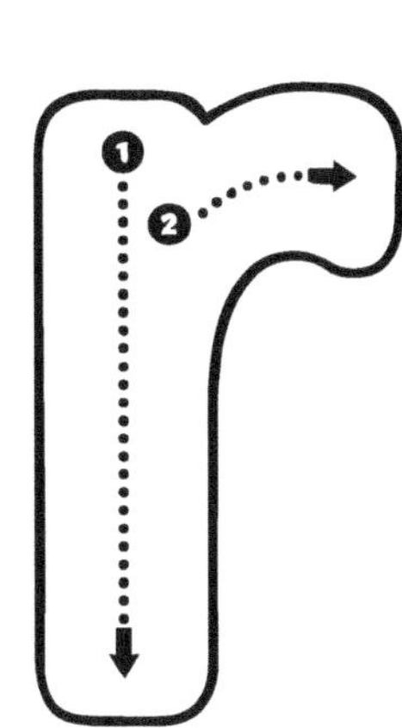
1
2

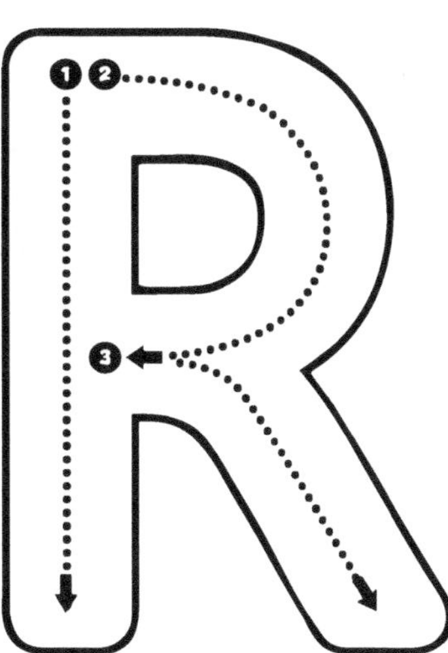
1 2
3

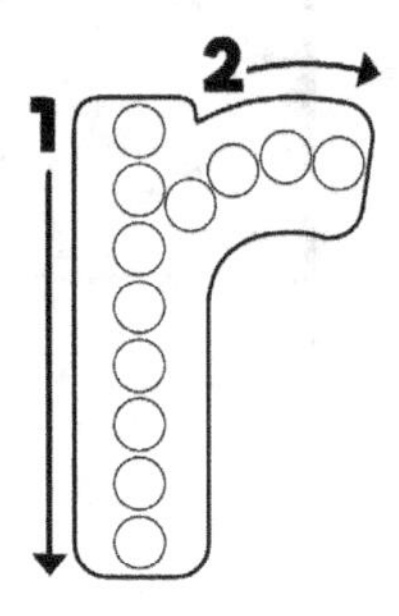

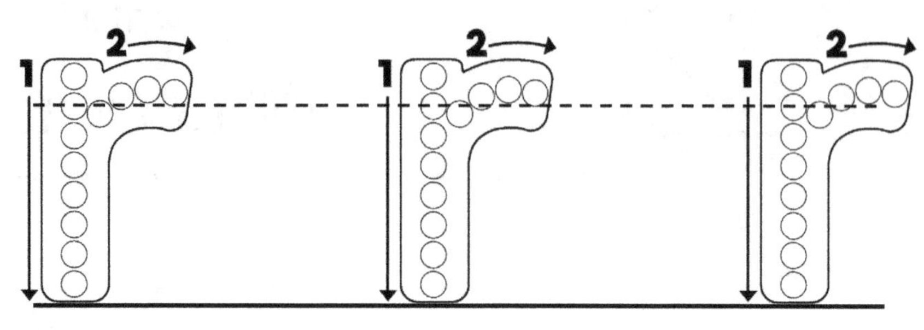

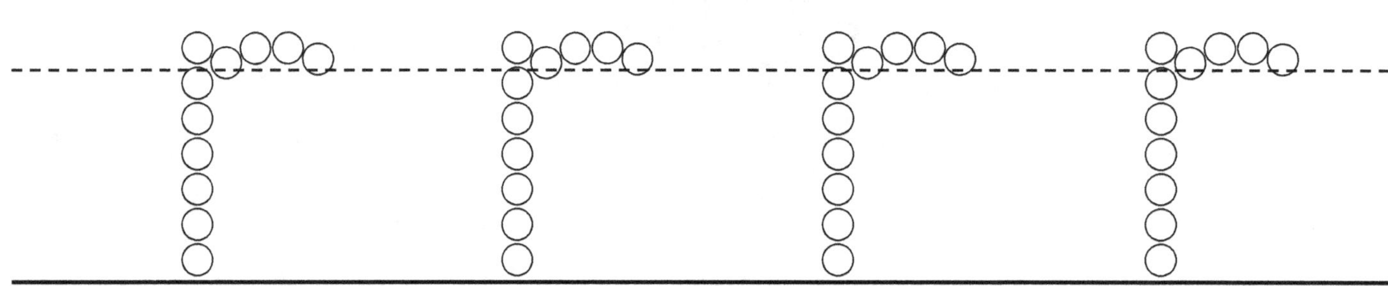

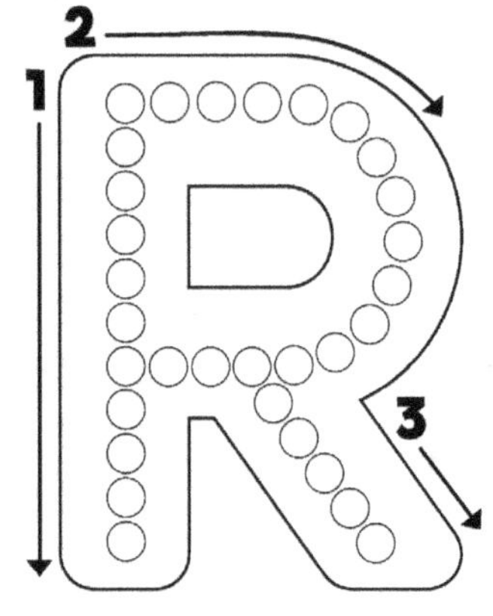

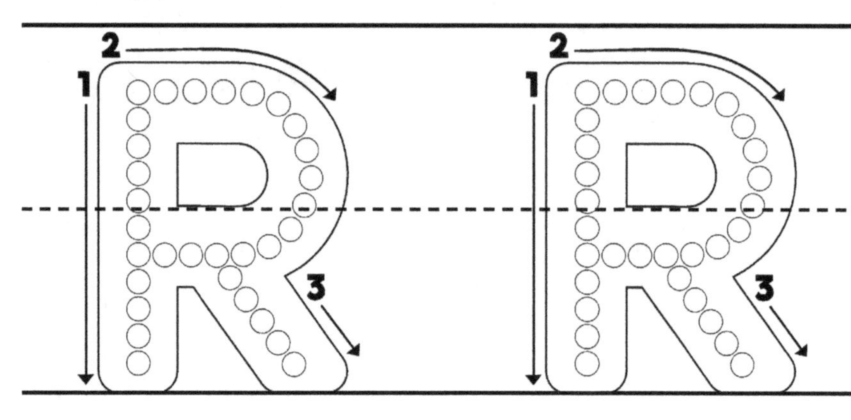

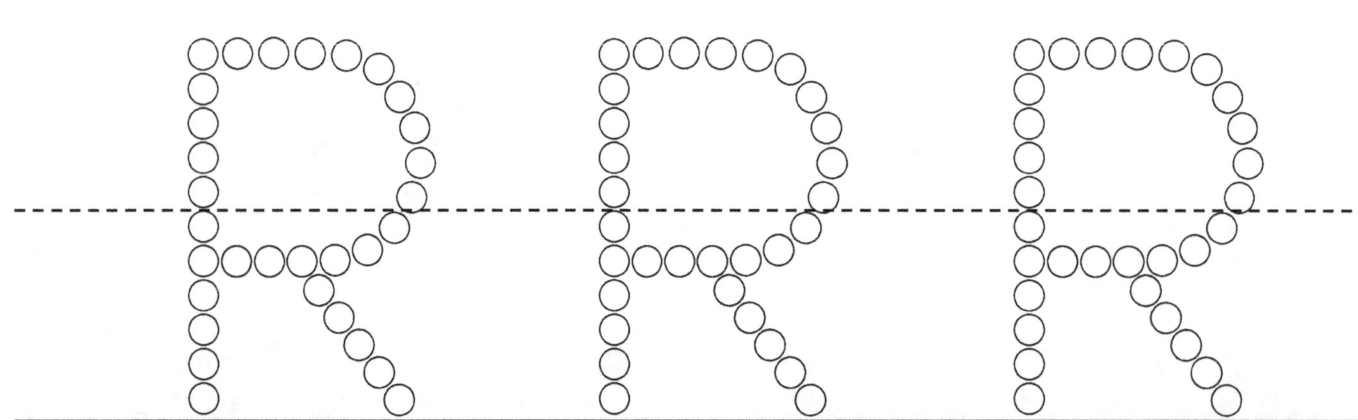

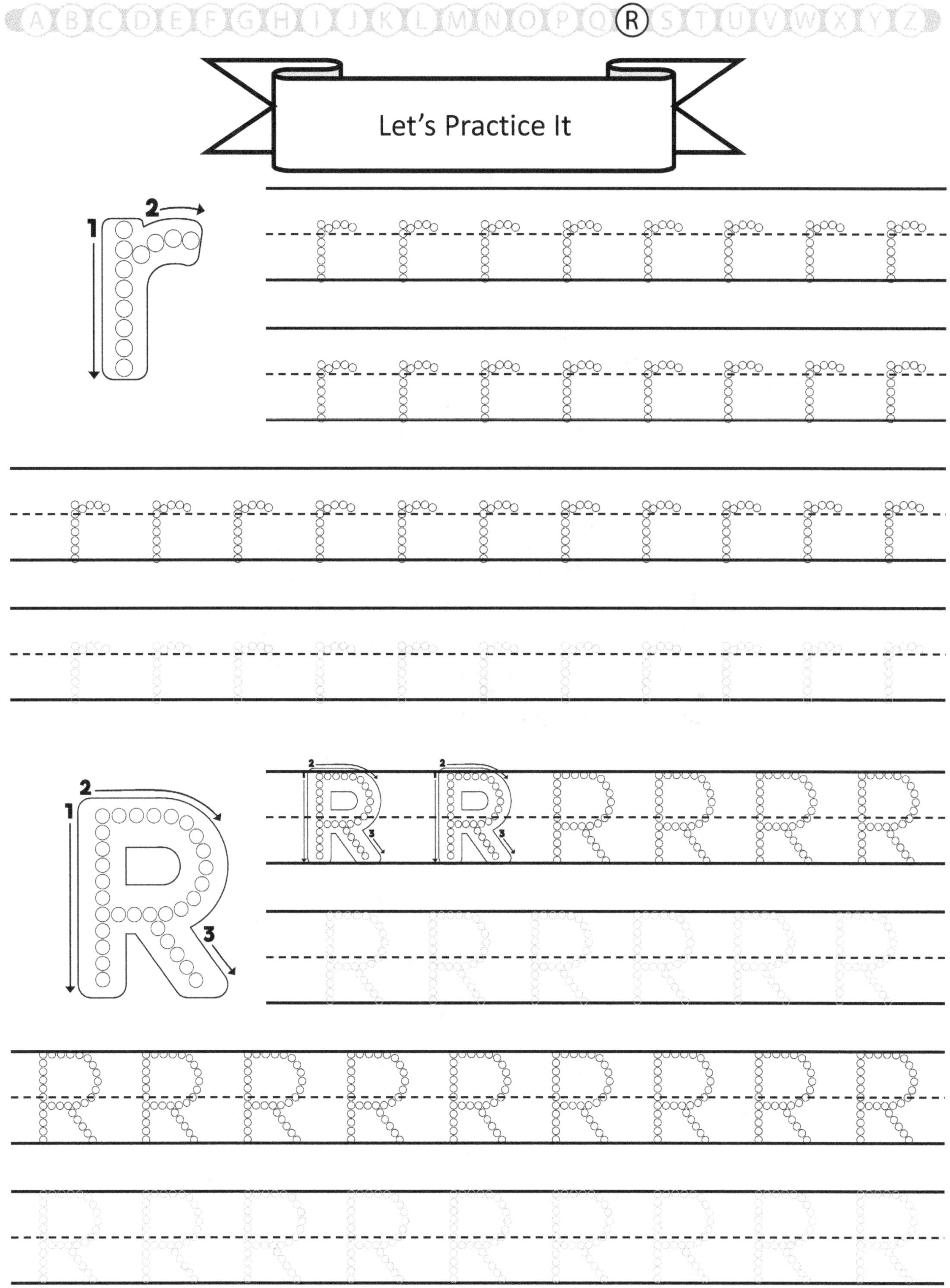

Let's Practice It
1 2
2
1 3

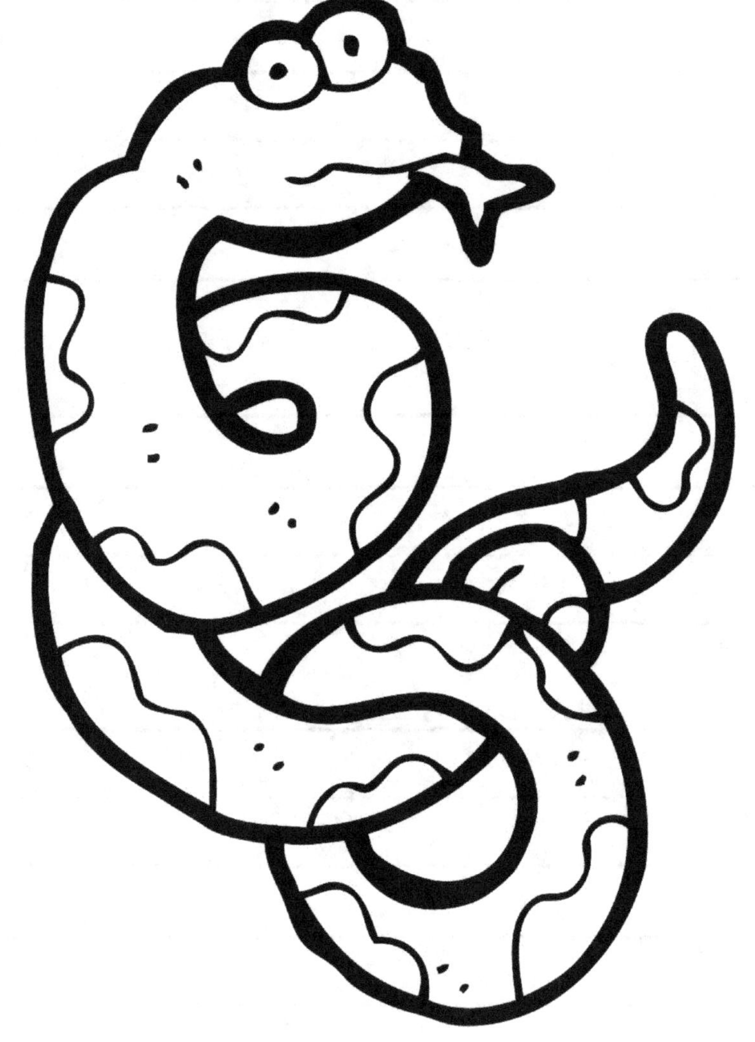

S is for
SNAKE

Lets Write It
Snake

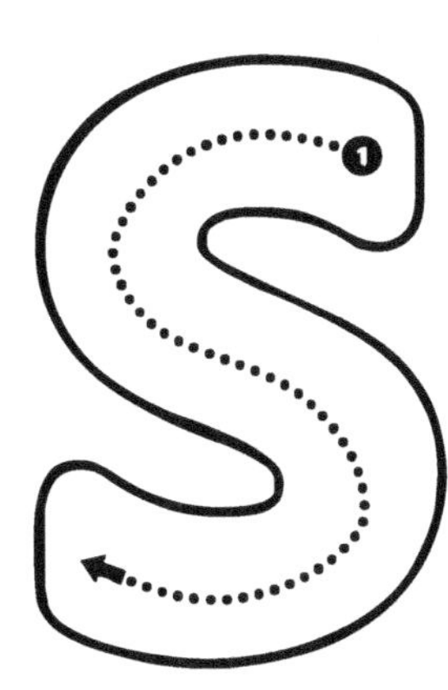

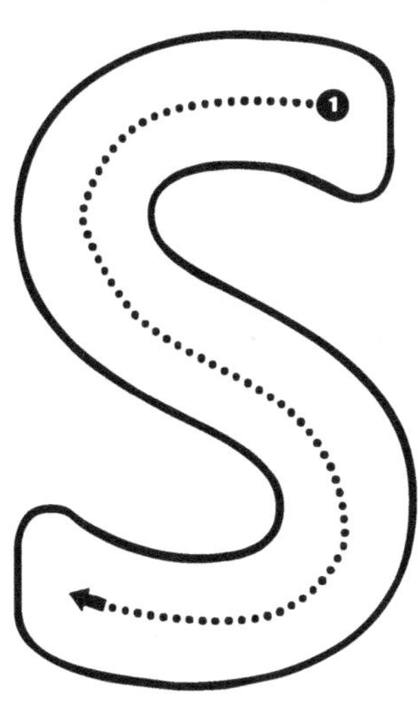

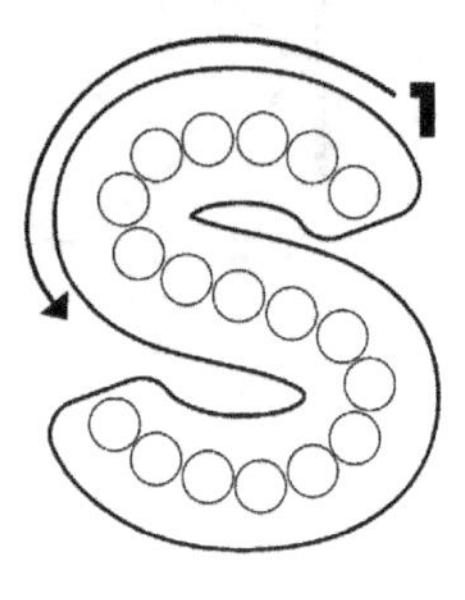

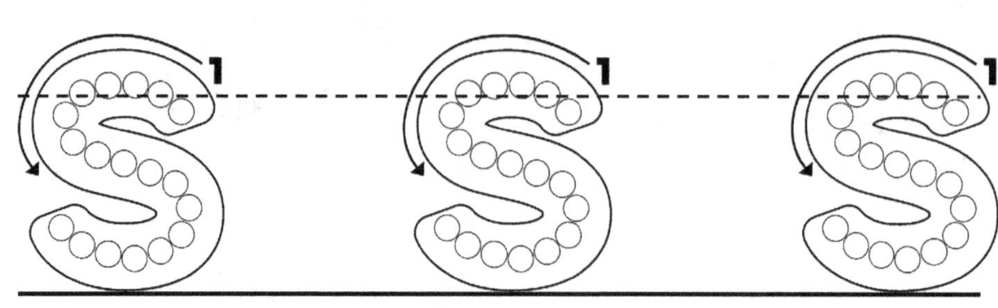

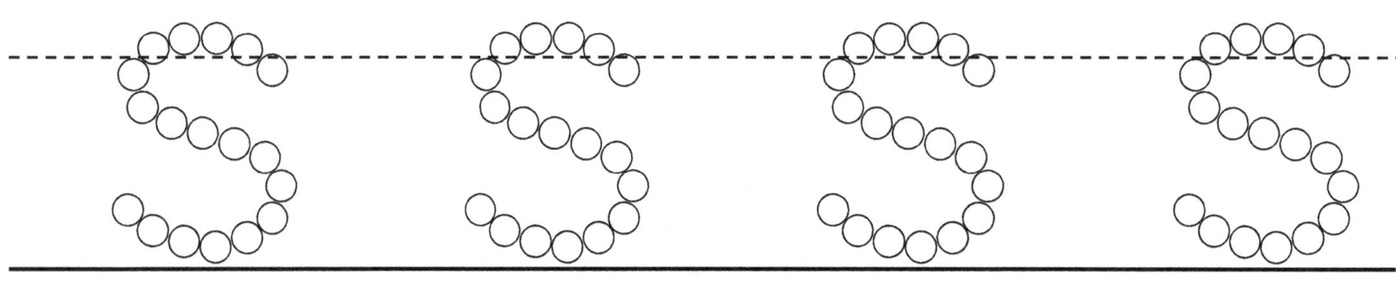

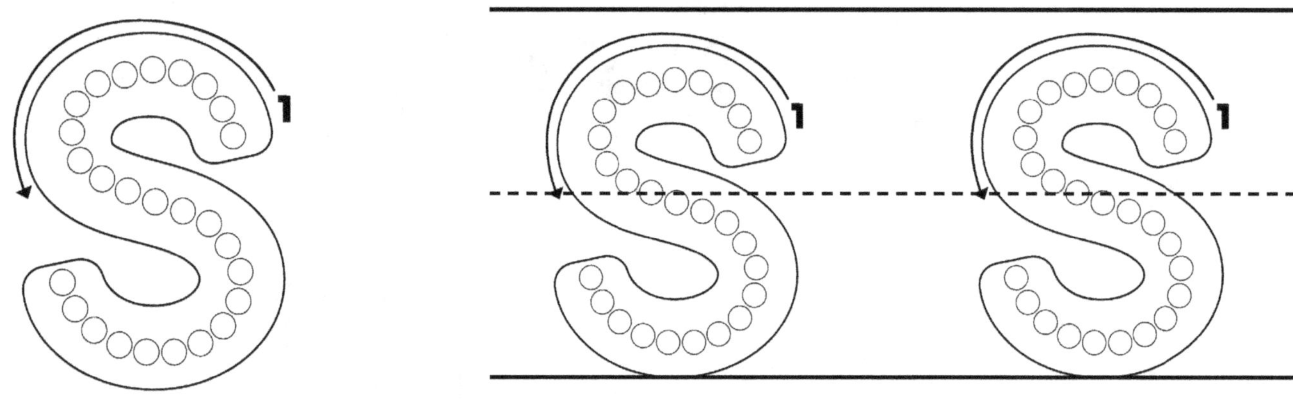

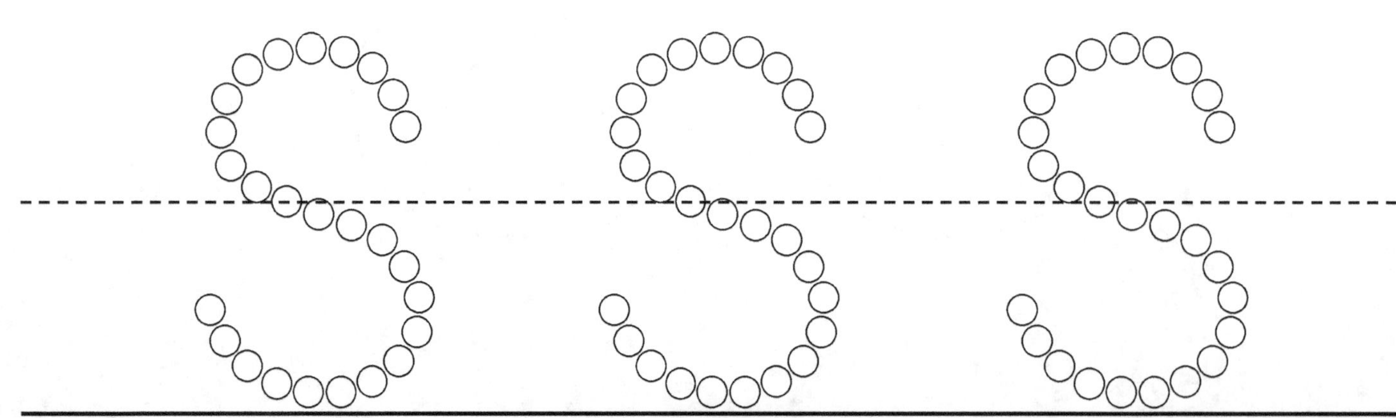

Let's Practice It

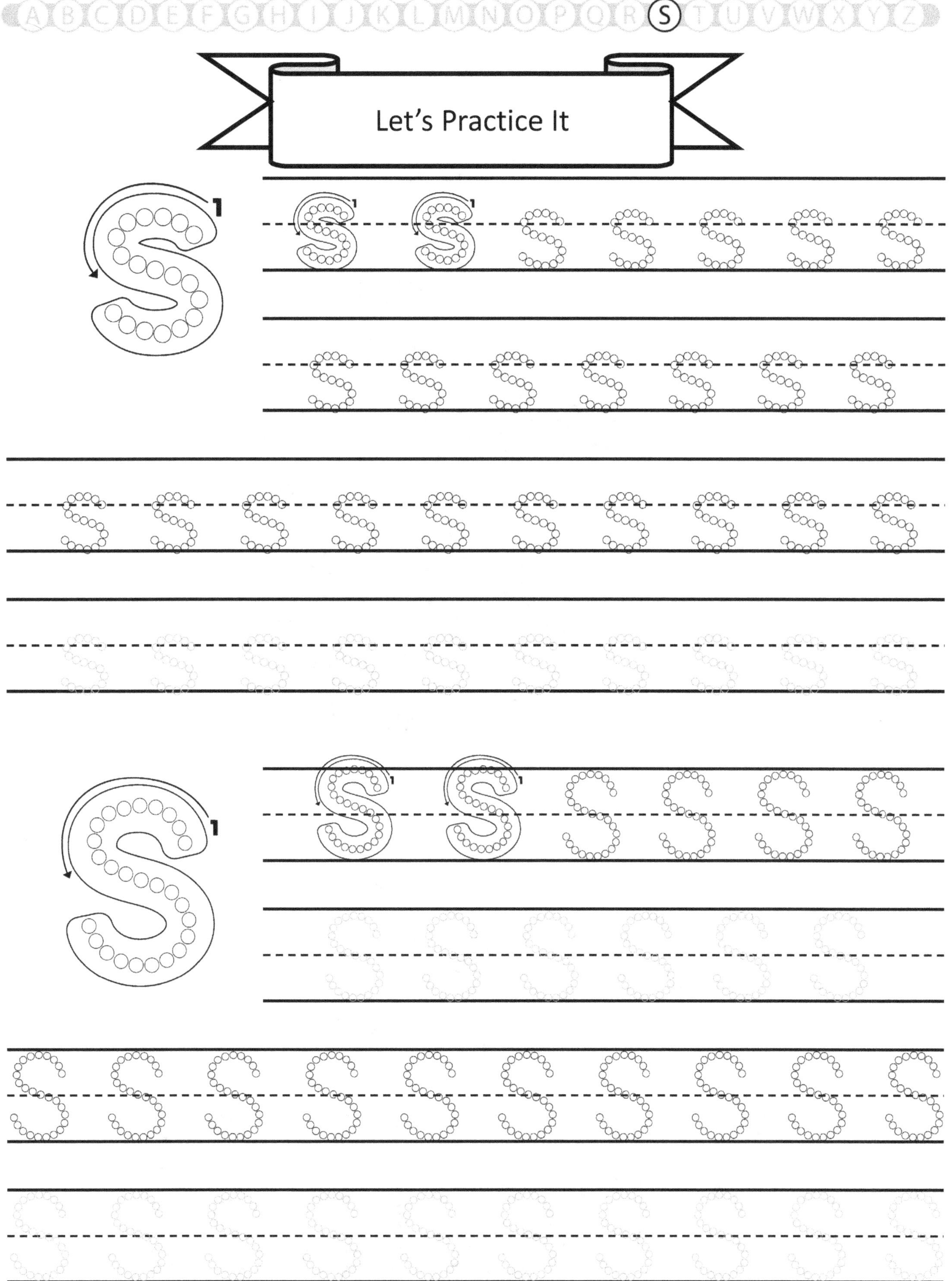

Let's Color It

T is for

TIGER

A B C D E F G H I J K L M N O P Q R S T U V W X Y Z

Lets Write It
Tiger

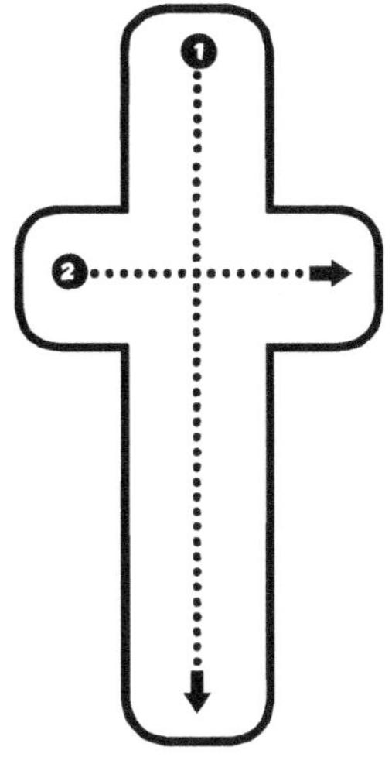

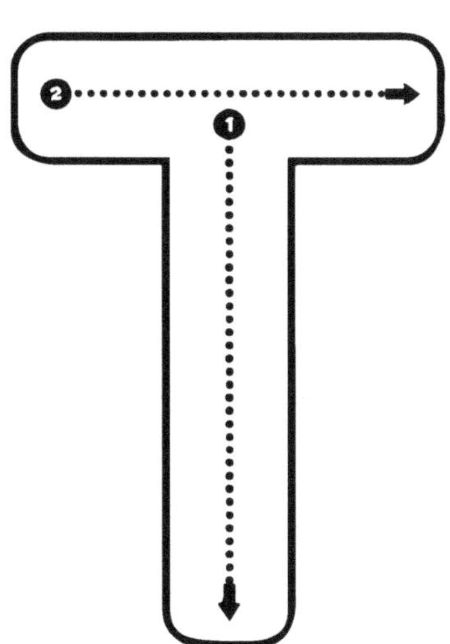

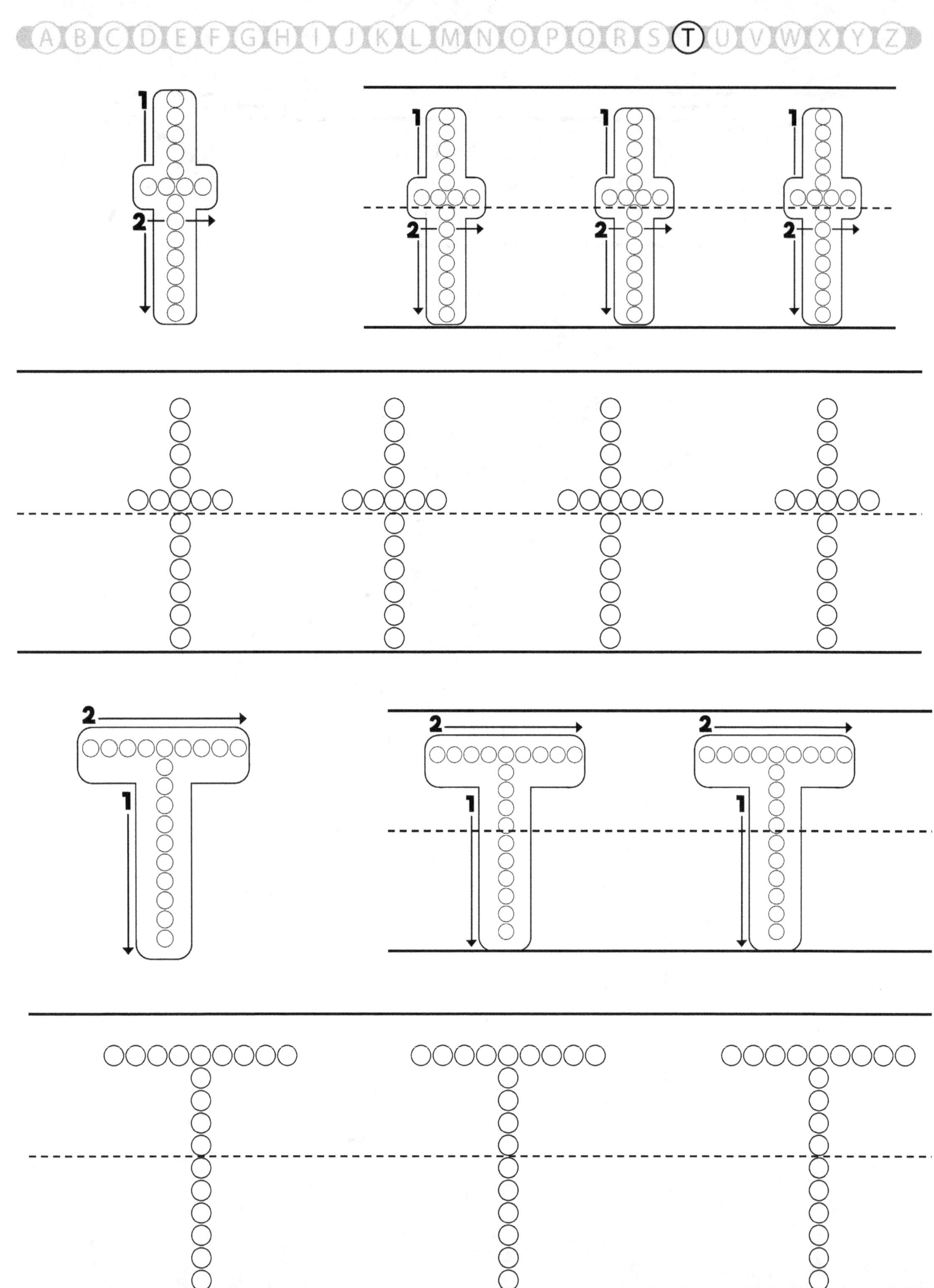

A B C D E F G H I J K L M N O P Q R S T U V W X Y Z

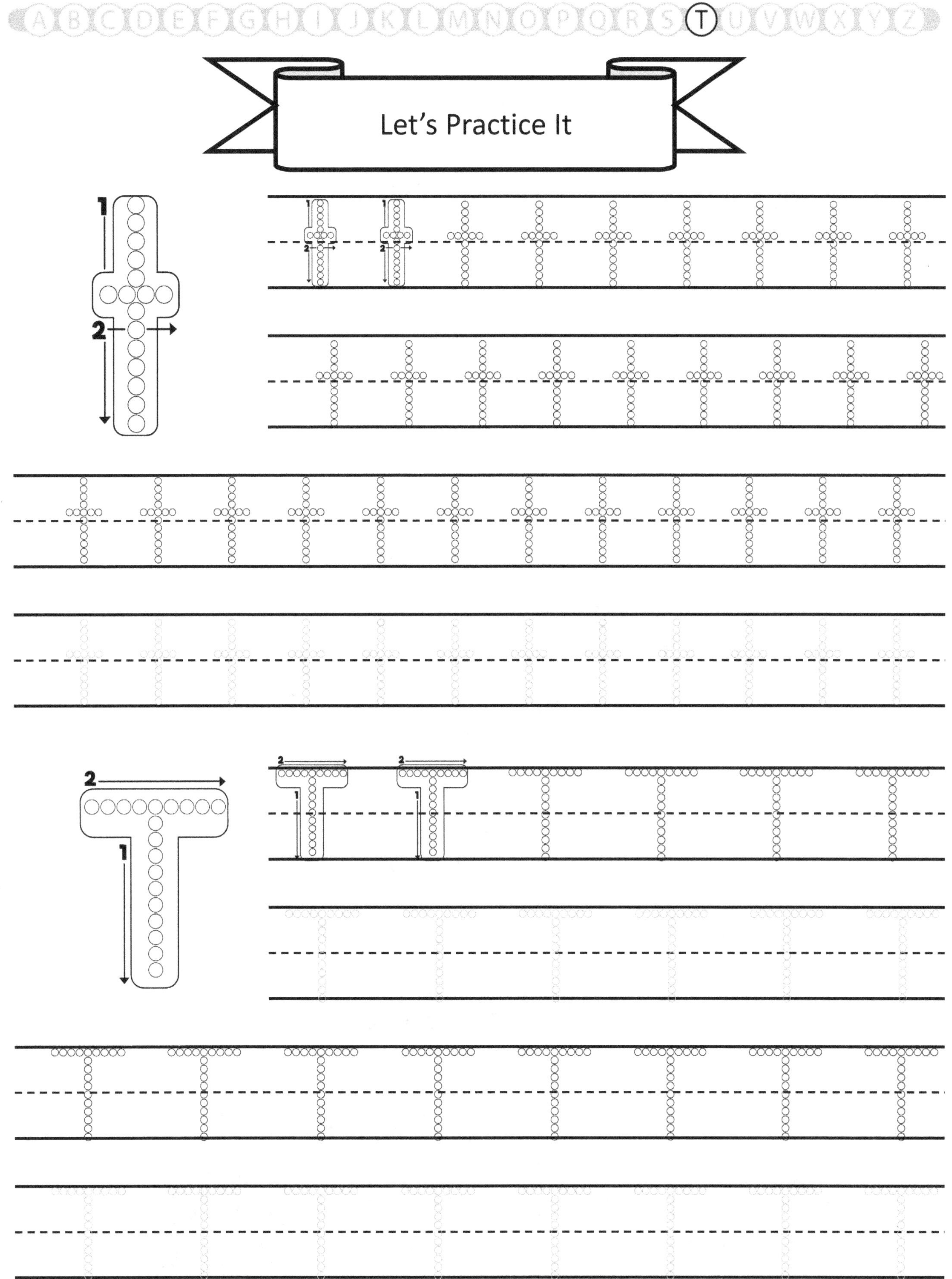
Let's Practice It

U is for
UNICORN

Lets Write It

Unicorn

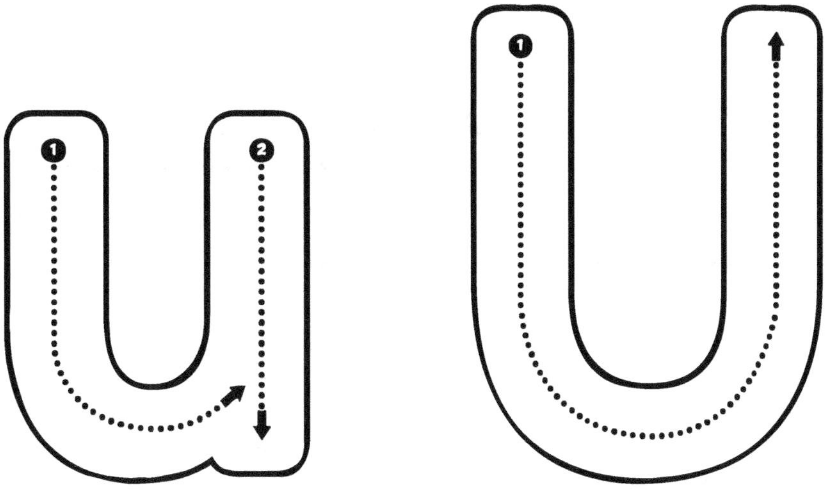

A B C D E F G H I J K L M N O P Q R S T U V W X Y Z

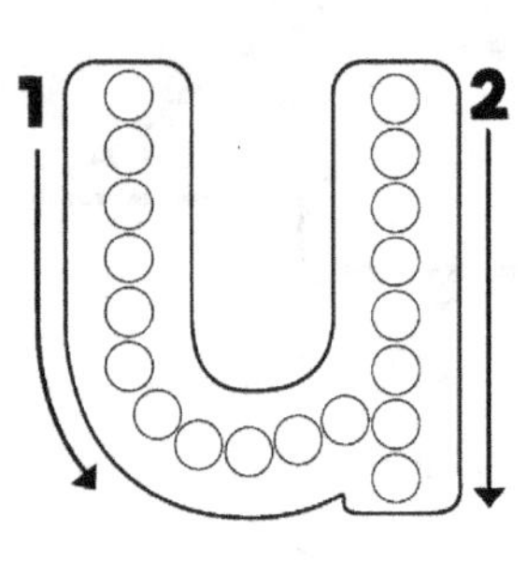
1
2

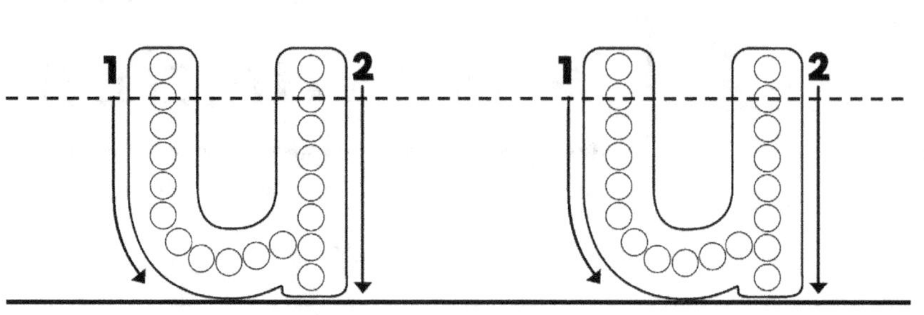
1
2
1
2

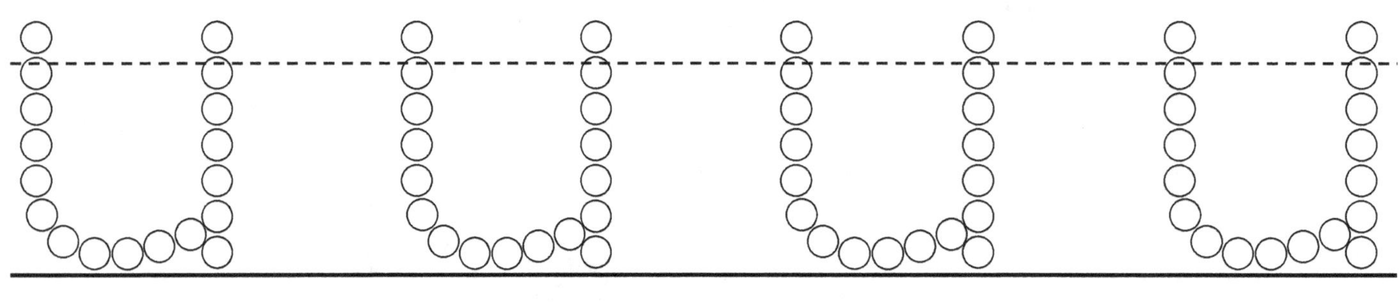

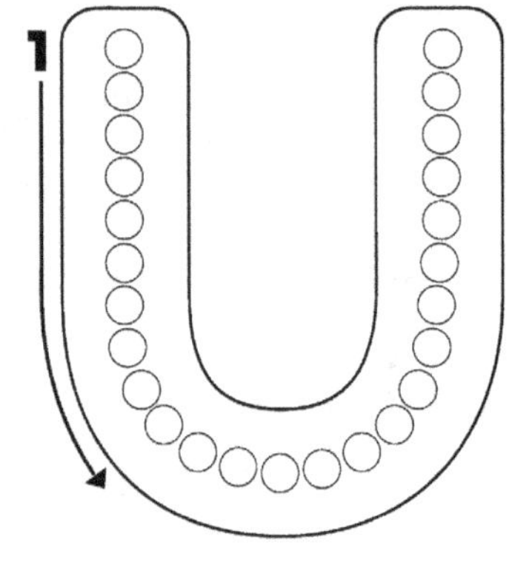
1

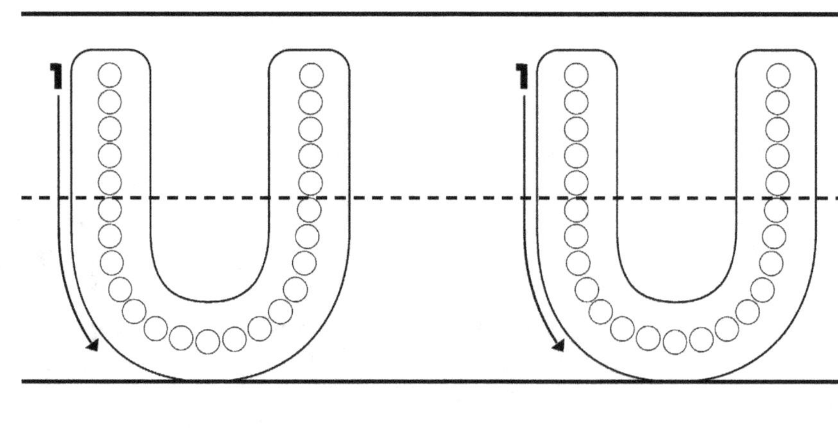
1
1

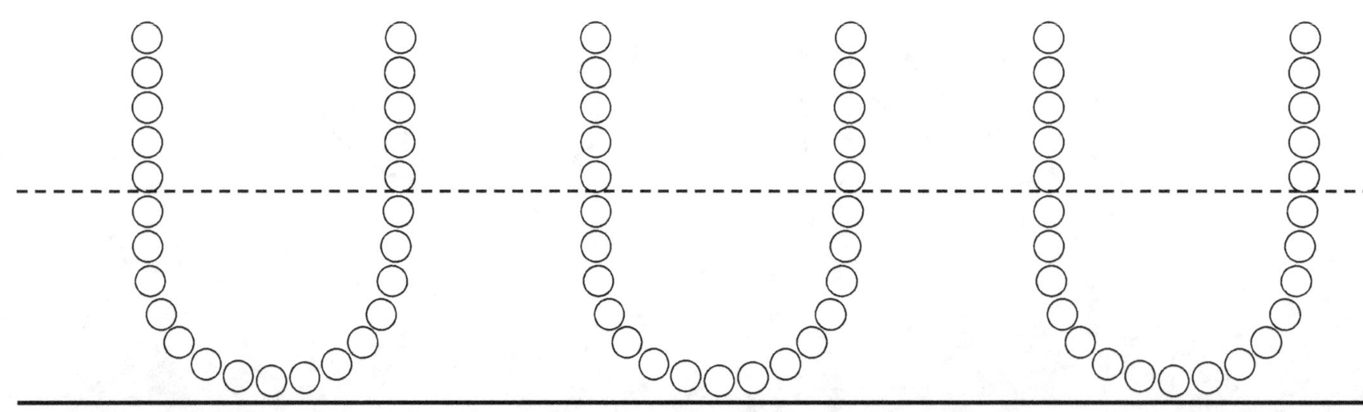

Let's Practice It

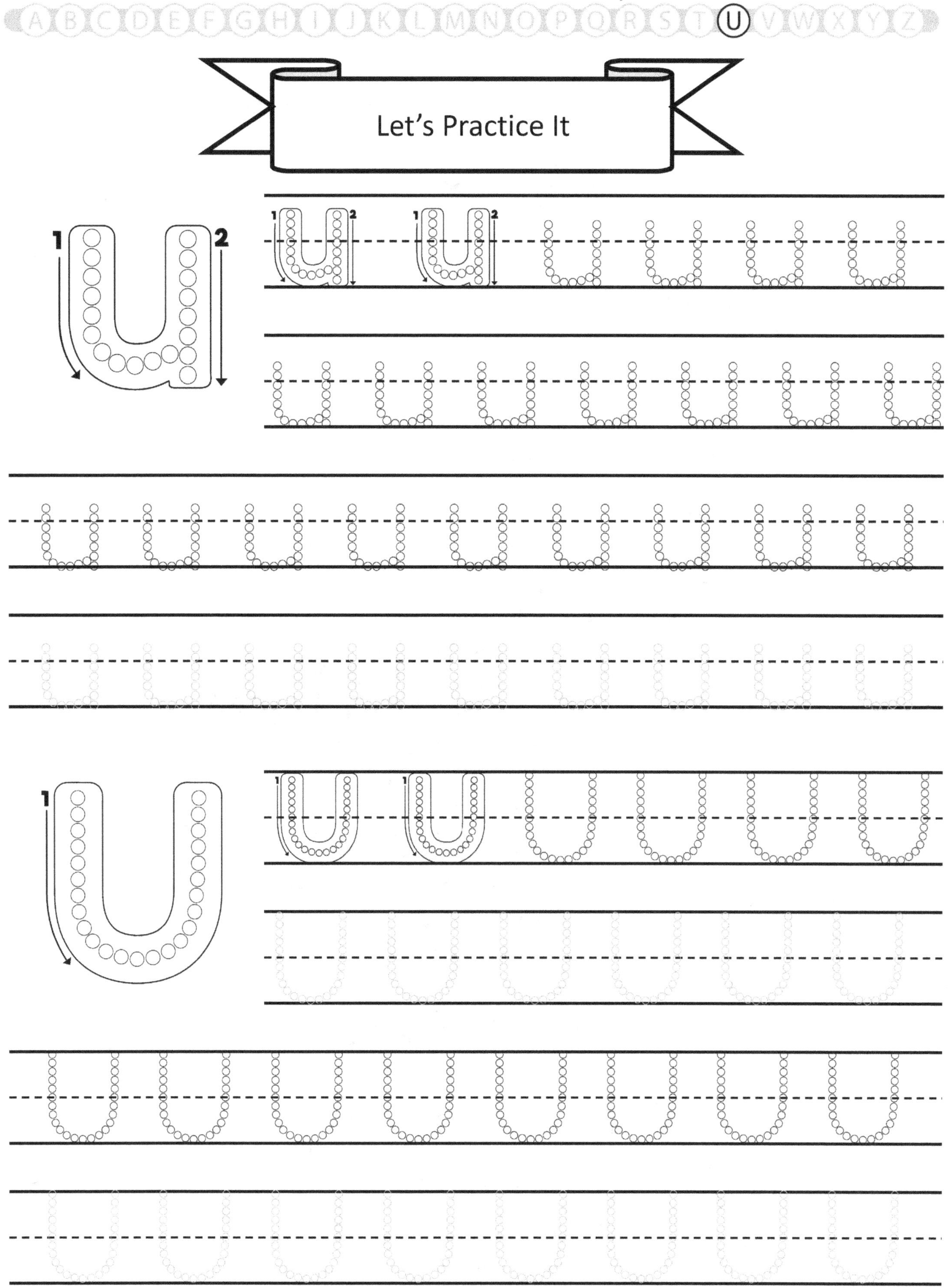

Let's Color It

V is for

VULTURE

A B C D E F G H I J K L M N O P Q R S T U V W X Y Z

Lets Write It
Vulture

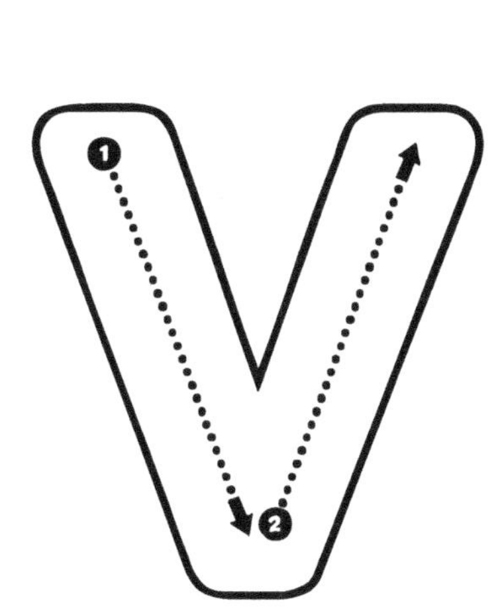

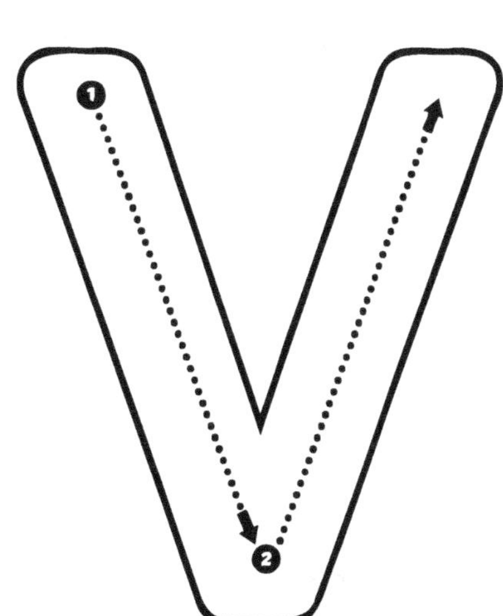

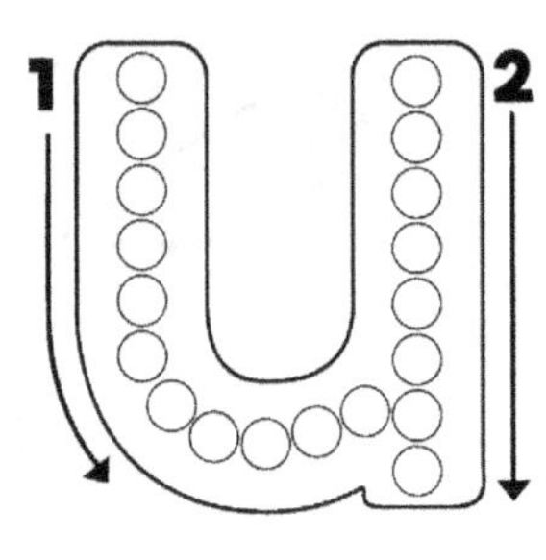
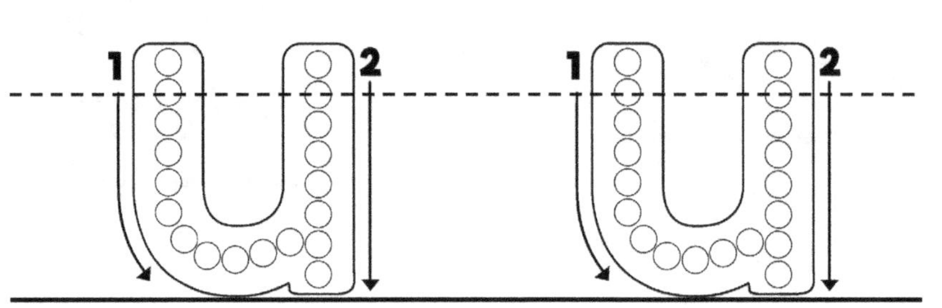
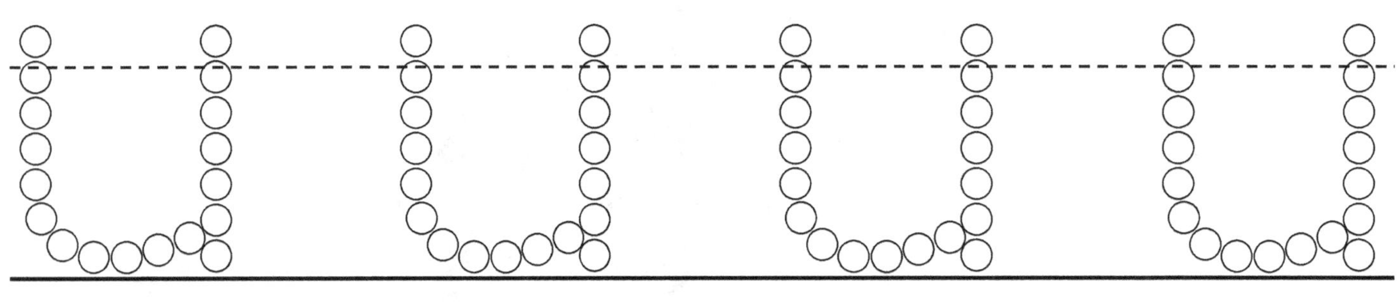
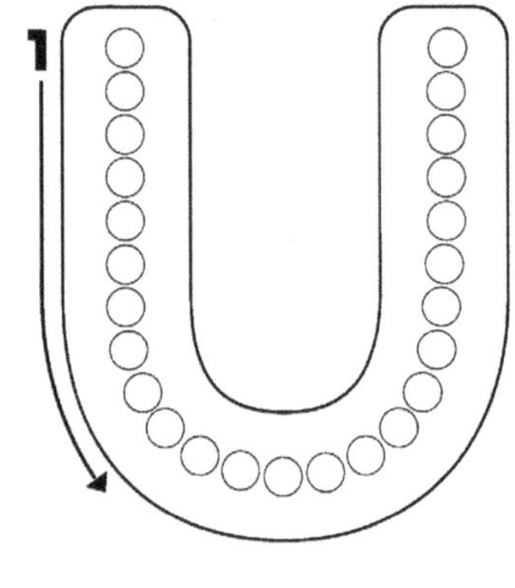
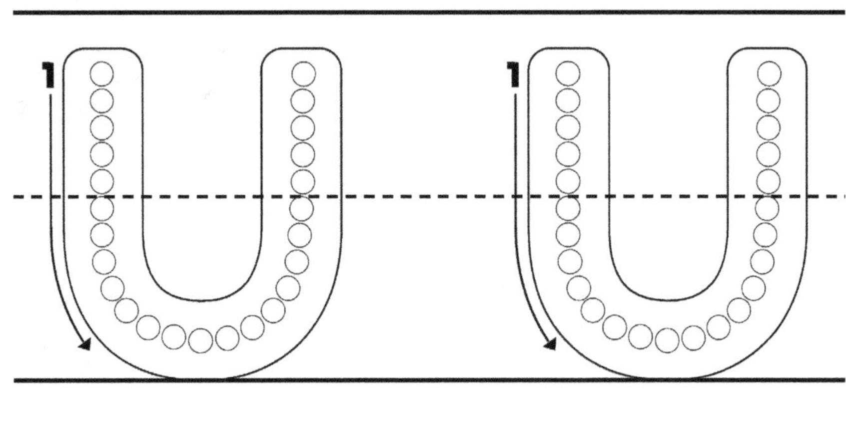
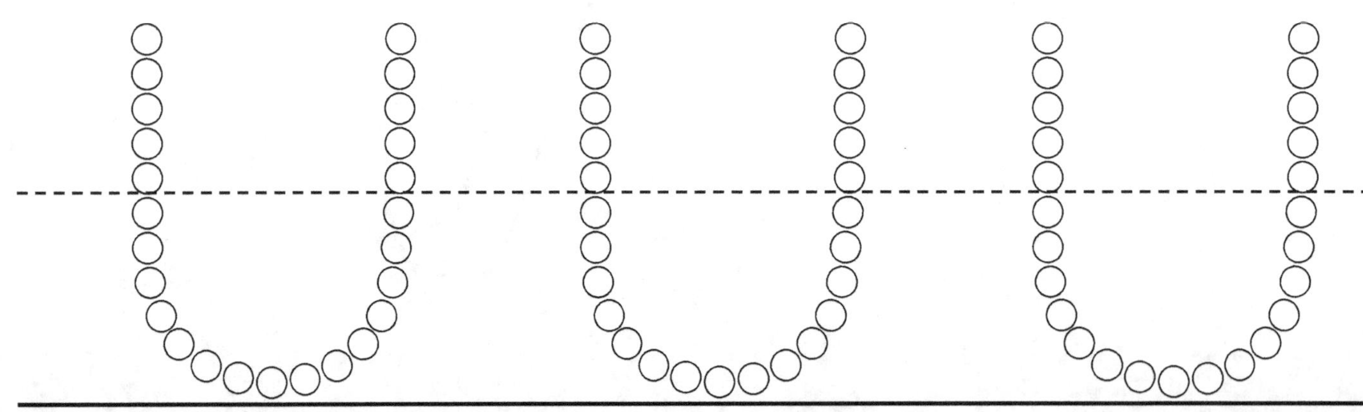

Let's Practice It

Let's Color It

W is for

WHALE

Lets Write It
Whale

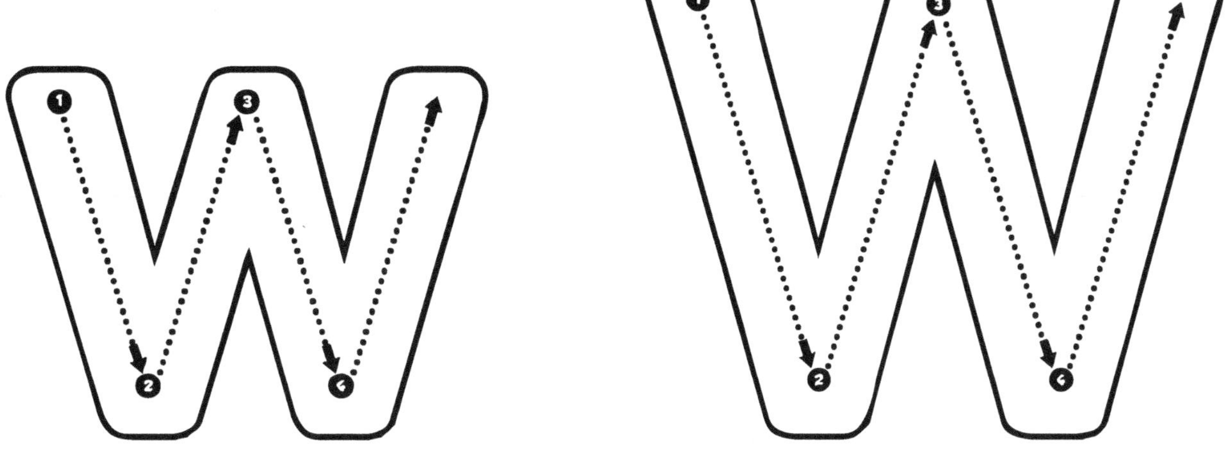

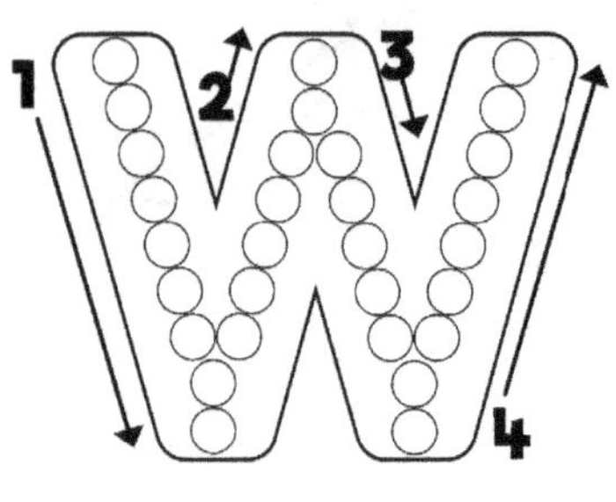

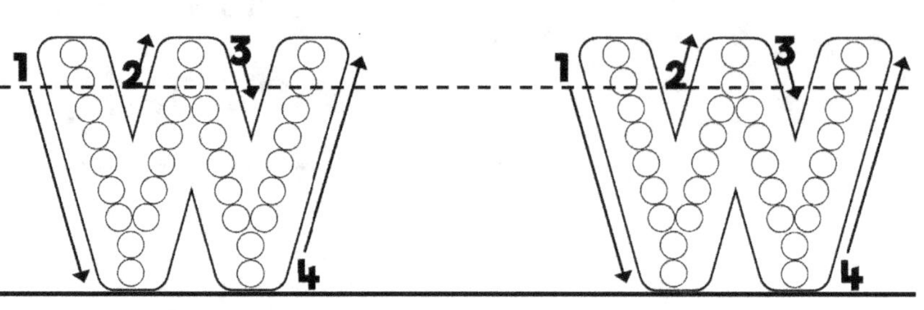

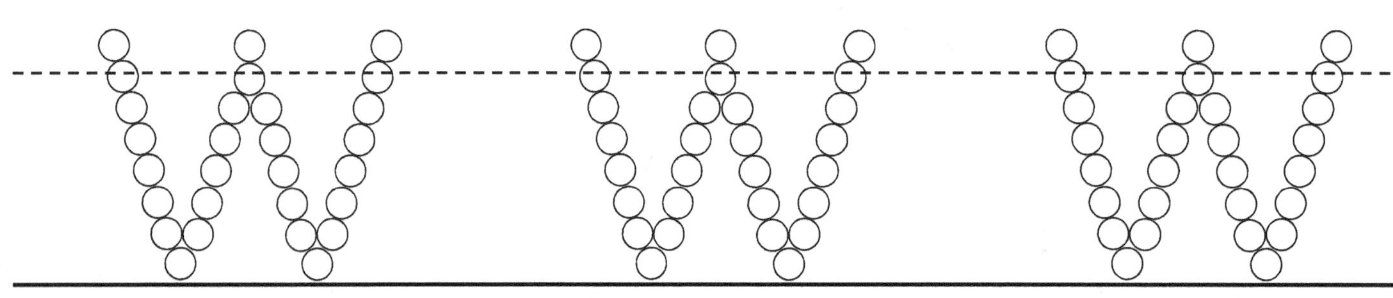

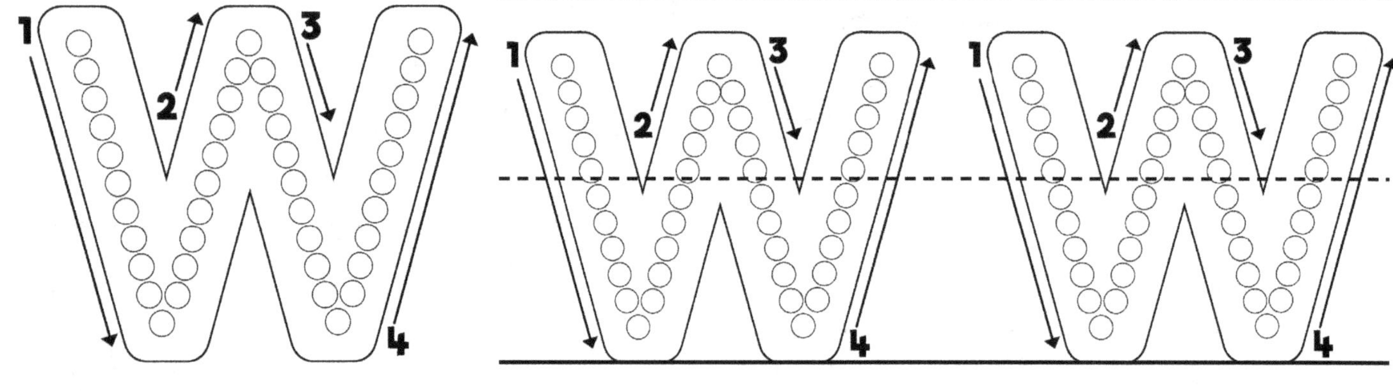

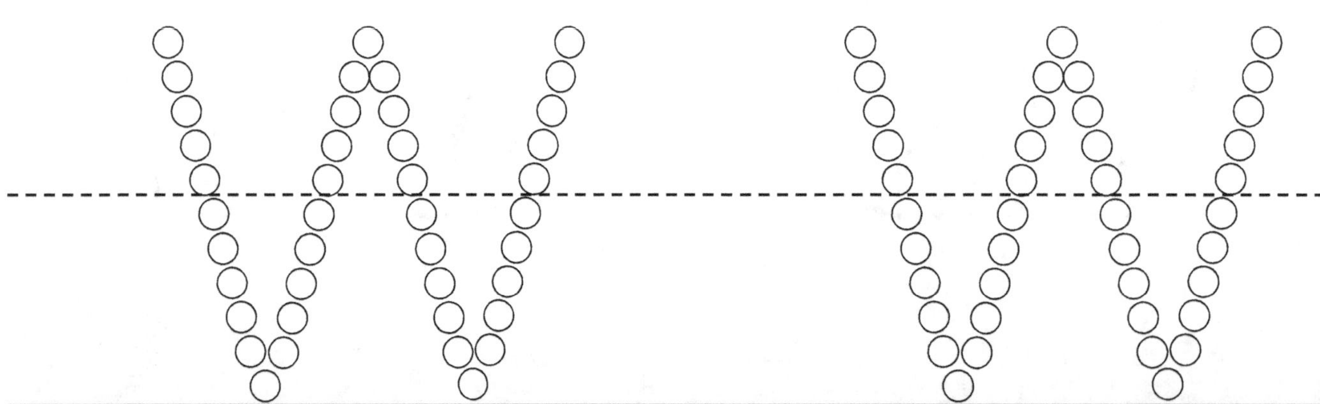

Let's Practice It

Let's Color It

X is for
X-RAY FISH

A B C D E F G H I J K L M N O P Q R S T U V W X Y Z

Lets Write It
X-ray Fish

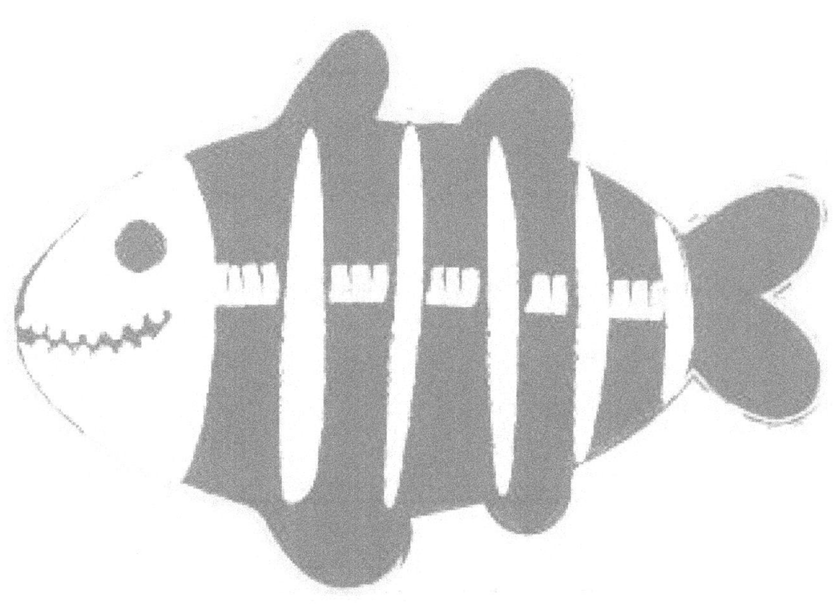

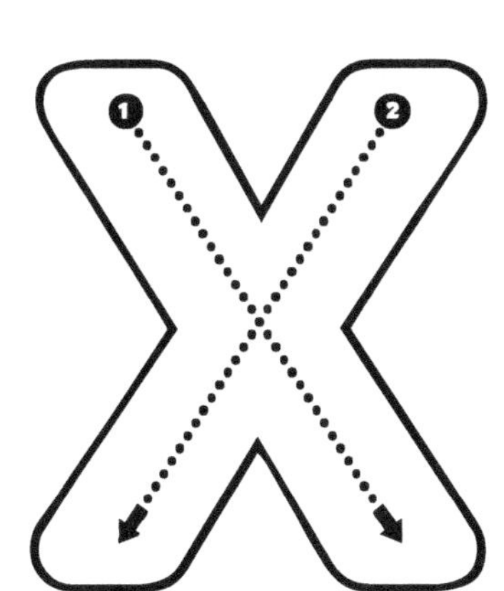

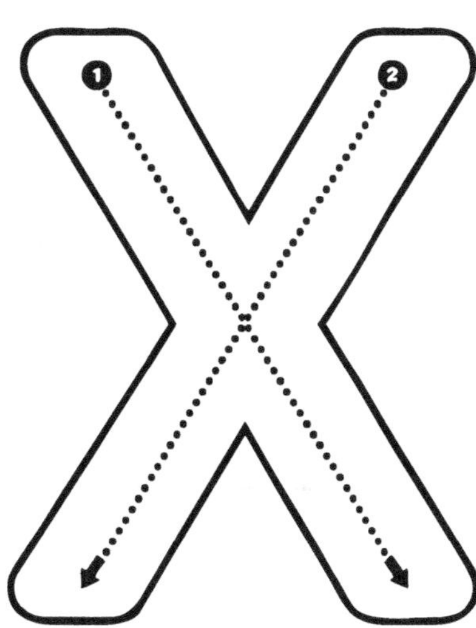

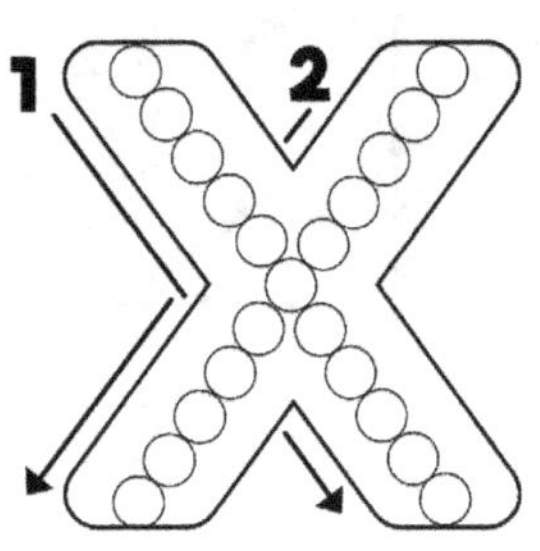

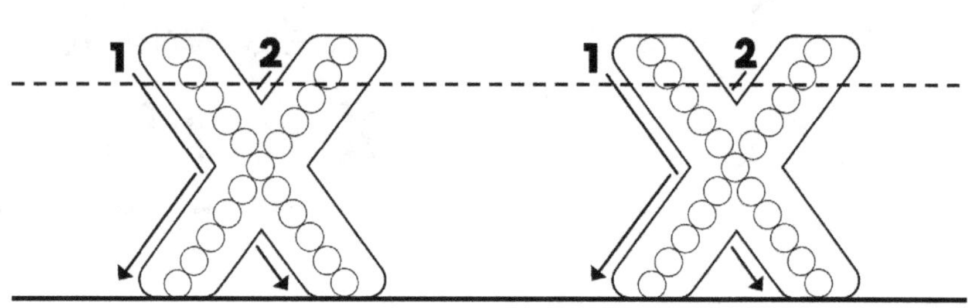

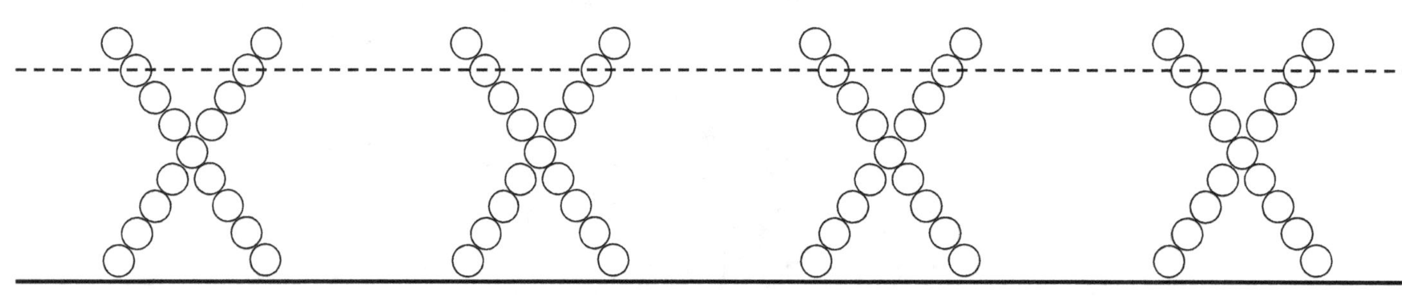

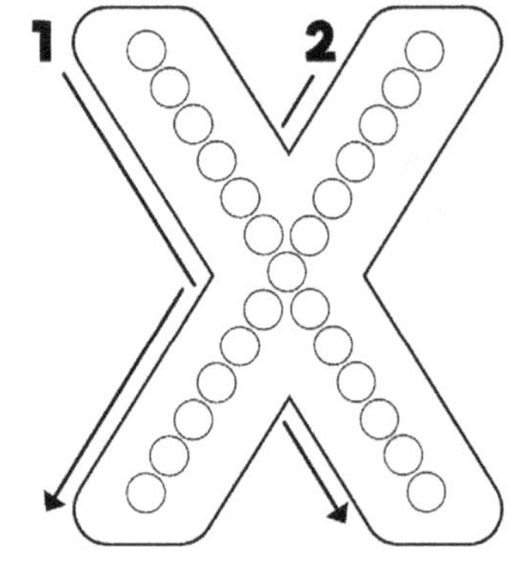

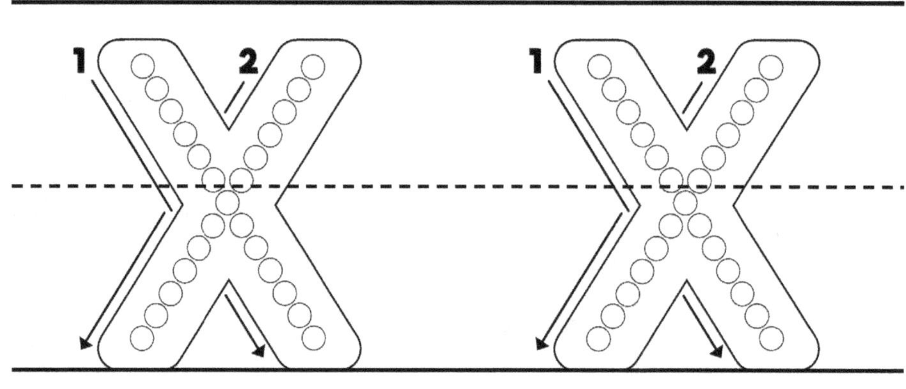

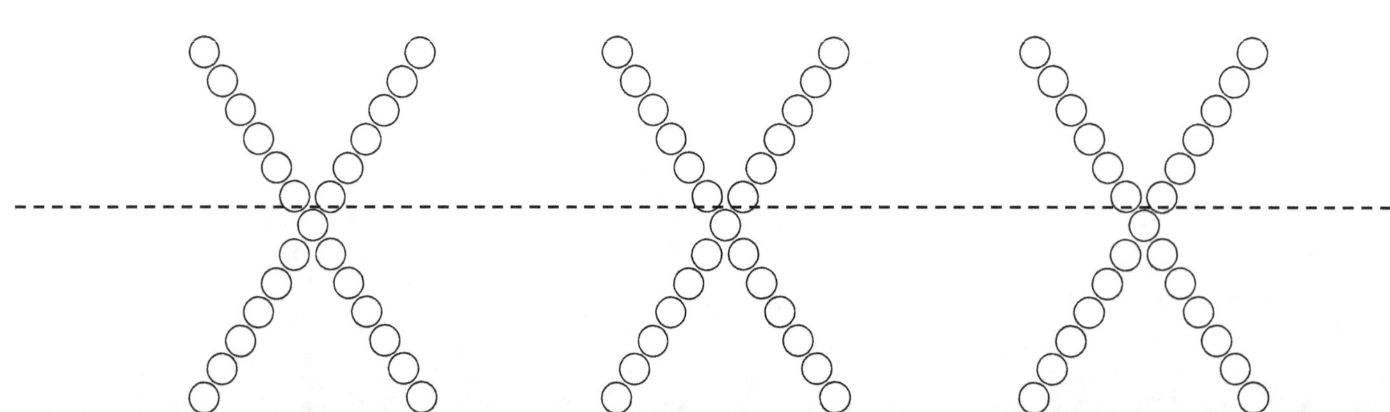

Let's Practice It

Y is for

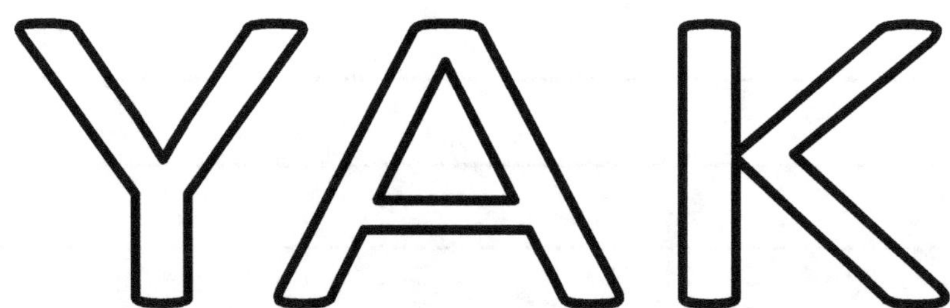

Lets Write It

Yak

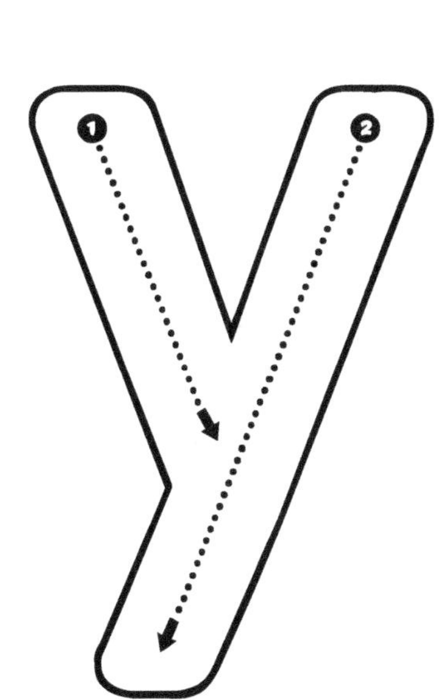

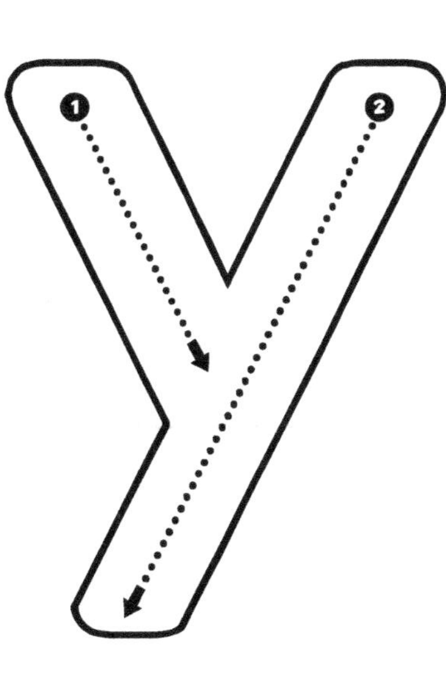

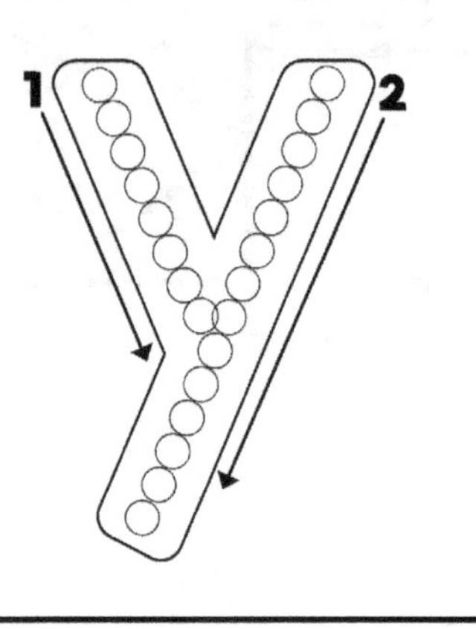

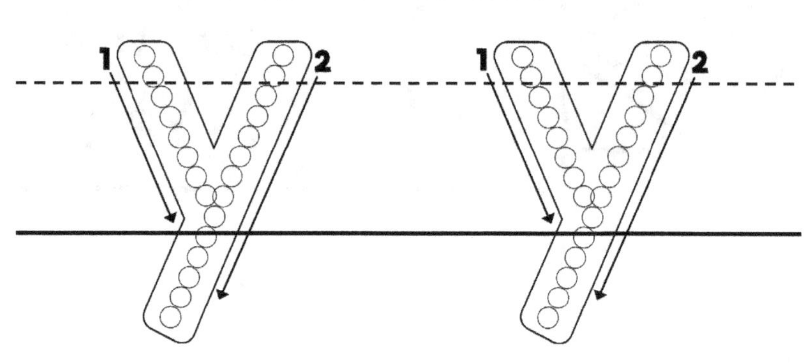

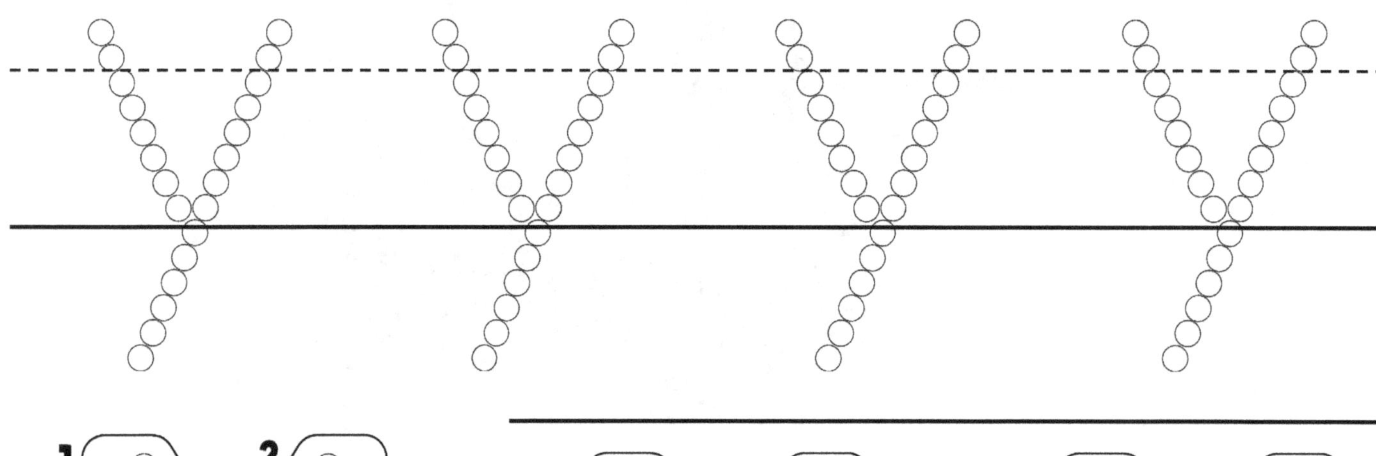

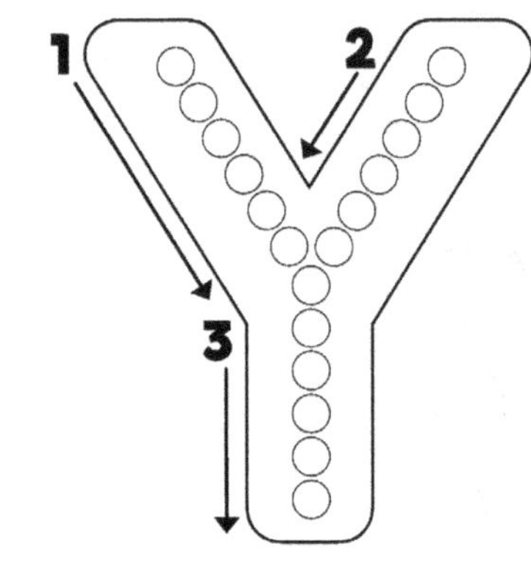

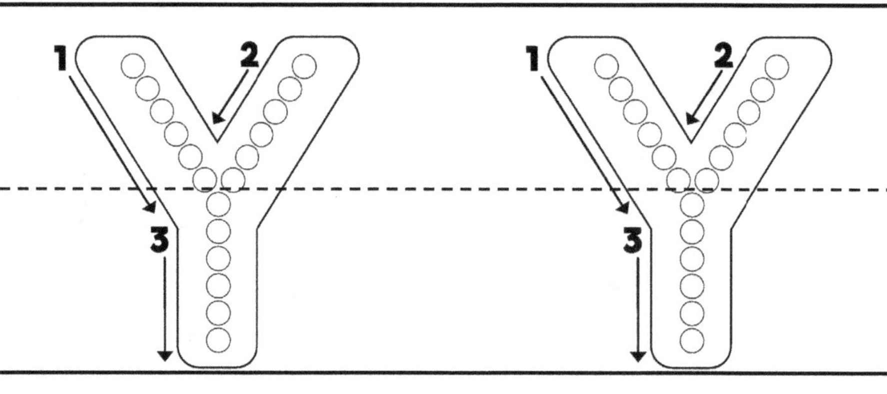

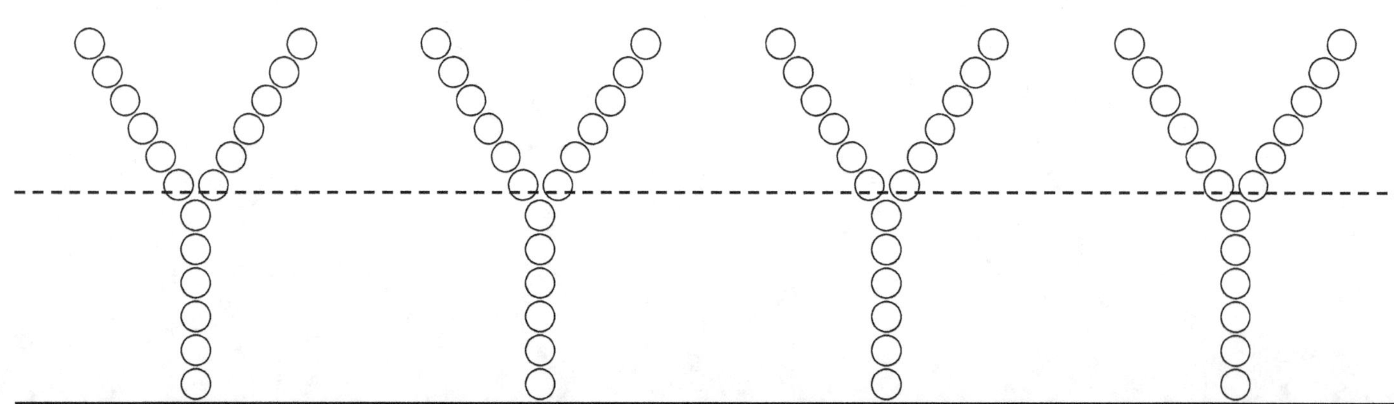

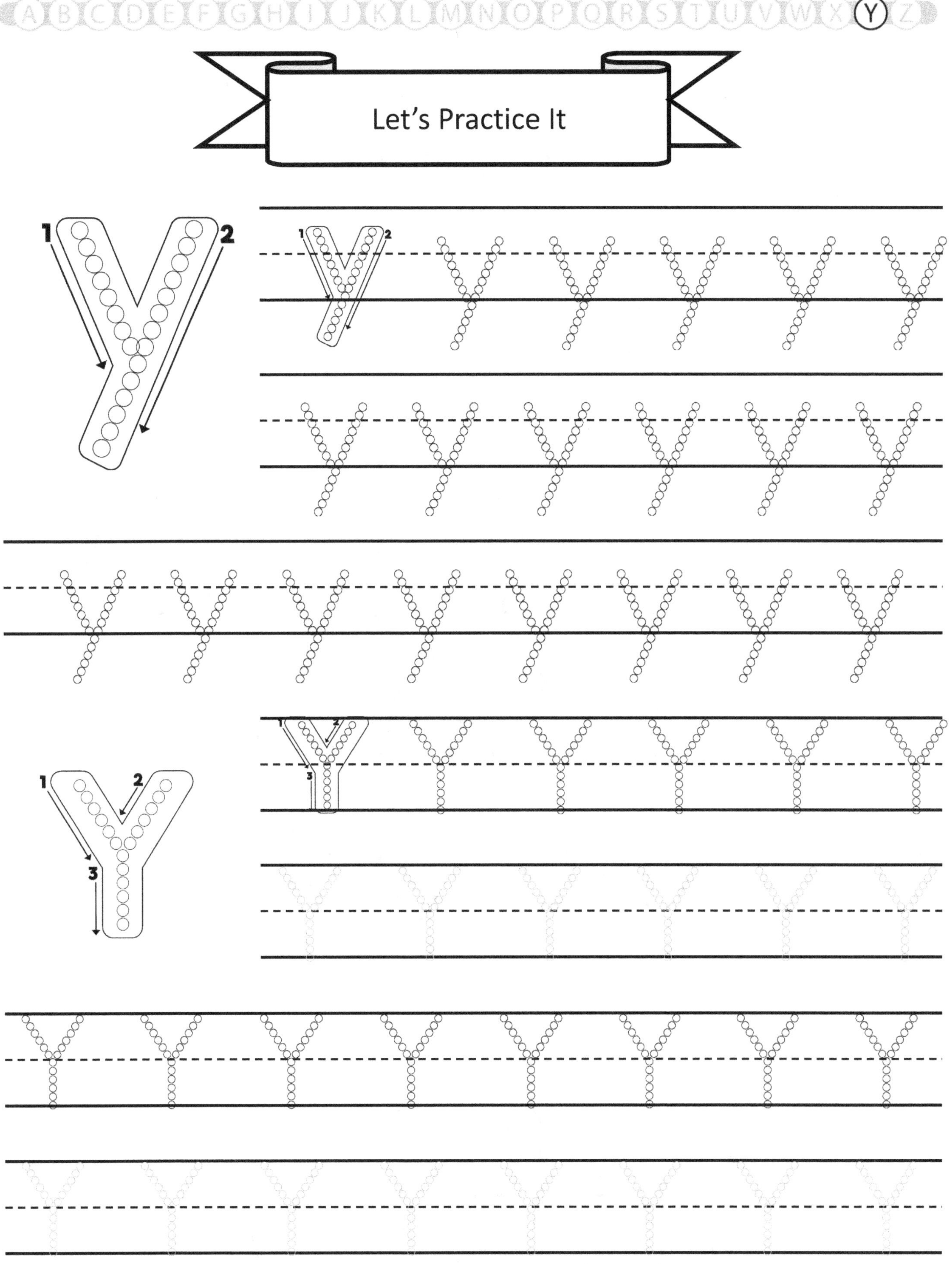

A B C D E F G H I J K L M N O P Q R S T U V W X Y Z
Let's Practice It

Let's Color It

Z is for

ZEBRA

Lets Write It
Zebra

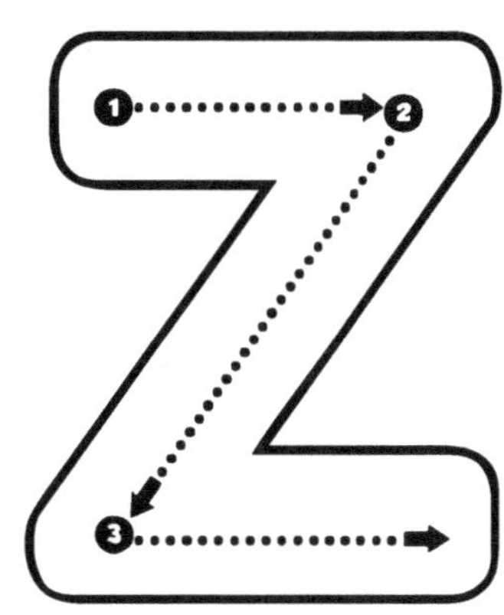

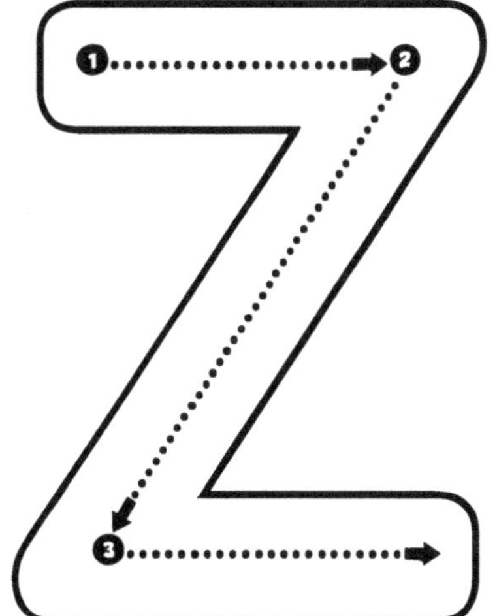

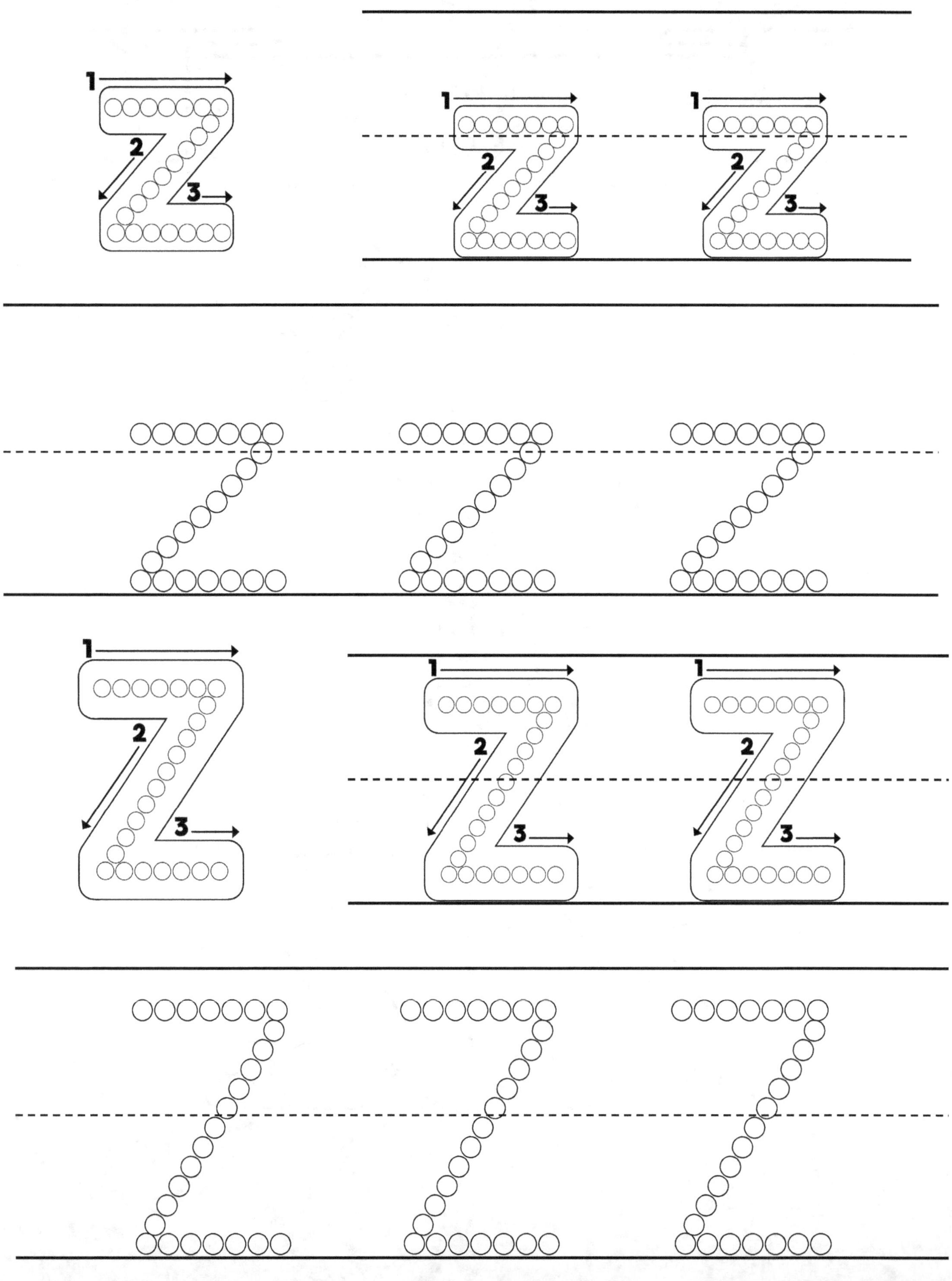

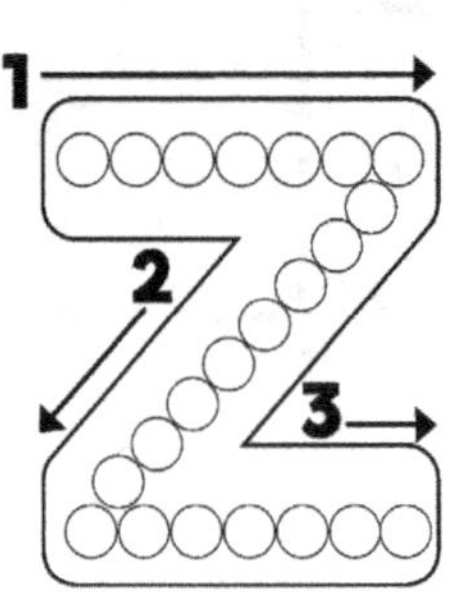

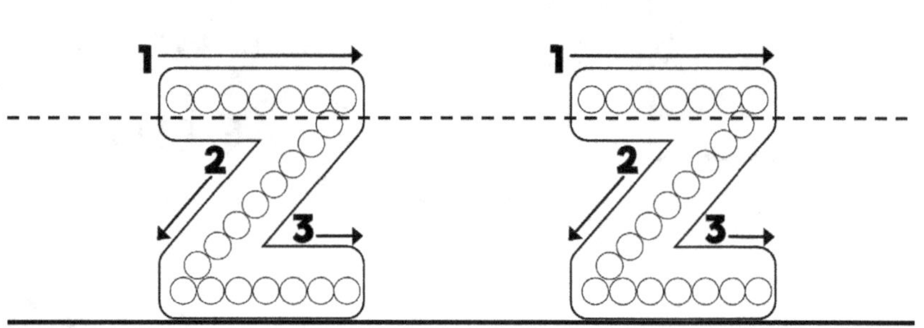

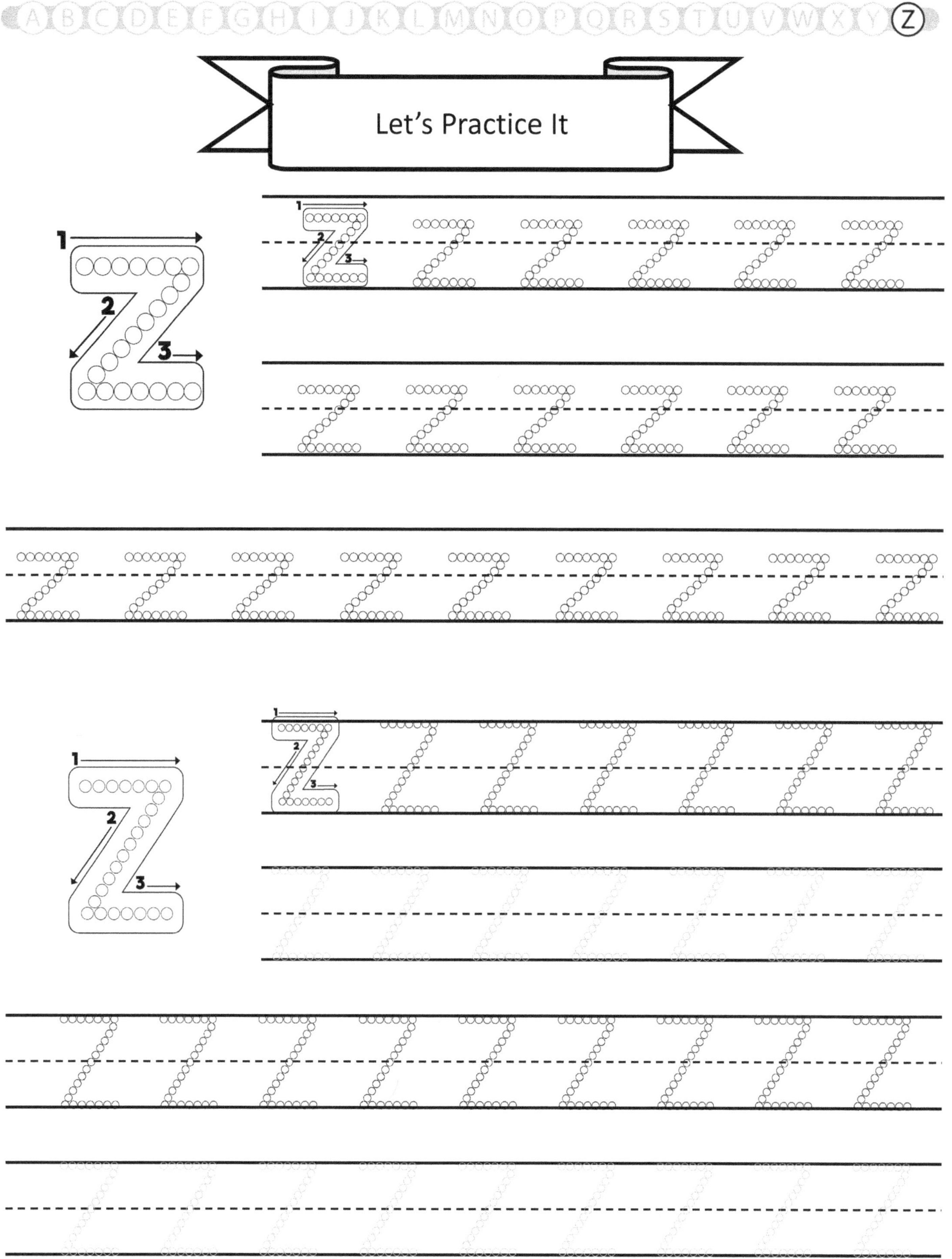

Let's Practice It